BOWIE

de la

a la

A Z

MA
NON
TROPPO

INTRODUCCIÓN

Cuando David Bowie murió el 10 de enero de 2016, lo que siguió fue la gran manifestación pública de dolor que suele acompañar al fallecimiento de una estrella del rock. Si bien esta vez sucedió algo muy diferente. Quizás alguien que se haya estremecido con la muerte de Lemmy de Motörhead semanas antes no se haya inmutado cuando el baterista de The Specials, John Bradbury, falleció el mismo día, y quizás no haya tenido más que un interés pasajero por el prematuro fallecimiento de Steve Strange de Blitz Kids en febrero de 2015. Cuando Bowie murió, en cambio, esta demostración de tristeza no provenía solo de un grupo de fans incondicionales. No eran únicamente los críticos musicales o los más aficionados los que se esforzaban por expresar sus sentimientos. Los elogios, las lágrimas y un sentimiento de pérdida muy real surgieron de todas partes: de personas de diferentes ámbitos y de muchos rincones del mundo.

Esto es un claro testimonio del gran impacto del legado artístico de Bowie y de la enorme influencia que ejerció. Al igual que él pasó por diferentes etapas en su propia vida, Bowie puso la banda sonora a las fases de la vida de muchas otras personas, creciendo con ellas, anticipándose a ellas, cambiándolas. Si te gusta el rock and roll, si eres un inadaptado social, si formas parte del colectivo LGTBI, si eres teatral, si eres extravagante o si simplemente te gusta la buena música, Bowie ha estado siempre ahí, hablándote, reconfortándote, haciéndote sentir que no estabas solo.

Una vez dijo: «El mañana pertenece a aquellos que pueden oírlo llegar». Del hippy folk al glam, del plastic soul a la new wave, pasando por el industrial y el drum and bass, Bowie era capaz de identificar y absorber el presente y convertirlo en música que no solo hablaba de la época, sino que también la hacía avanzar, sin dejar de ocupar los primeros puestos de las listas de éxitos. Desafiaba la categorización. A veces se representaba a sí mismo como un extraterrestre visitante, otras veces como un hombre corriente que quería alcanzar la cima. En todos los sentidos, Bowie encarnó su arte, elevándolo de estrella del rock a icono. La música fue su vehículo, su forma de alcanzar la inmortalidad y su legado eterno.

STEVE WIDE

A

también de

«Ashes to Ashes»

Un tema clásico del álbum *Scary Monsters* (*and Super Creeps*) en el que regresa el astronauta Major Tom de «Space Oddity». Bowie y David Mallet se encargaron de dirigir el icónico vídeo musical que, en aquel momento, se convirtió en el videoclip más costoso de la historia (con un presupuesto de 250.000 libras esterlinas). En el vídeo Bowie aparece con su famoso disfraz de Pierrot; y también cuenta con una cameo de Steve Strange.

Arnold Corns

Una banda fundada por Bowie en 1971. Se dice que el nombre está inspirado en la canción de Pink Floyd «Arnold Layne». Este proyecto paralelo fue una especie de preludio de Ziggy Stardust.

Absolute Beginners

Una película-musical de rock británica dirigida por Julien Temple y protagonizada por David Bowie, Sade y Patsy Kensit. La película fue un gran fracaso comercial; aún así, el tema principal del film (que Bowie grabó de forma aceptable) alcanzó el segundo puesto en las listas de éxitos del Reino Unido.

Androginia

La visión poco convencional y progresista de Bowie sobre la expresión del género es casi tan famosa como su contribución a la música. Desde el inicio de su carrera, Bowie se decantó por un look andrógino que traspasaba los límites, mezclando elementos de la moda masculina y femenina y, por supuesto, luciendo toneladas de maquillaje.

A
de
ALADDIN
SANE

Publicado en abril de 1973, la carátula del álbum *Aladdin Sane* presenta la que es quizás la imagen más legendaria y reconocible de Bowie: su rostro desnudo atravesado por ese icónico rayo. El rayo divide a Bowie de forma esquizofrénica a la vez que el ingenioso juego de palabras del título del álbum pretendía mostrar los dos estados de ánimo de Bowie en aquel momento: quería ser el artista, pero estaba agotado de las giras y andaba corto de efectivo por las reacciones dispares en toda América. Y sin embargo, los Estados Unidos y sus influencias le llenaban de energía. Así que mientras "A Lad Insane" ("un muchacho loco") se tambaleaba al borde del colapso, "Aladdin Sane" ("Aladino Cuerdo") era el genio mágico que salía de la lámpara aprisionante que era Ziggy Stardust para mostrar al mundo un nuevo Bowie. Aunque parecía lógico hacer una segunda parte del personaje, Bowie también quería liberarse del personaje. De forma inteligente, inventó un personaje más atractivo para Estados Unidos y presentó al mundo un Bowie innovador y un Bowie cambiante. La canción que da título al disco, en la que participa el pianista de jazz de vanguardia Mike Garson, fue una revelación. Y aunque el álbum no se acercó a las cotas musicales de *Ziggy*, alcanzó el número uno en el Reino Unido y dio a Bowie la confianza que necesitaba para emprender un camino de reinvención constante.

B de BERLÍN

La Trilogía de Berlín, compuesta por *Low*, *Heroes* y *Lodger*, se grabó entre el 76 y el 78. Se considera la cumbre de la creatividad de Bowie y otro punto de inflexión en su estilo. Bowie se trasladó a Berlín para huir de Estados Unidos y del exceso de la cocaína tras el éxito de «Fame» y «Golden Years». Berlín era la antítesis de Estados Unidos. El muro seguía en pie y Bowie era relativamente desconocido en la ciudad. Se instaló en Schöneberg, una de las zonas más inhóspitas. Allí estuvo acompañado por Iggy Pop, que también necesitaba un año sabático. Brian Eno y Tony Visconti acudieron para encargarse de la producción y la ingeniería, respectivamente. La influencia de Eno está presente en *Low* y *Heroes*: los efectos de sintetizador, las bandas sonoras ambientales y los ruidos extraños y distantes son fruto del paisaje urbano berlinés de la posguerra. Las canciones son clásicos de la new wave y el post-punk, surgidos del trabajo pionero de artistas del krautrock como Can y Kraftwerk, si bien predecían lo que estaba por llegar una vez que el punk se hundiera en un charco de su propio vómito. Aunque fue una de sus épocas de menor éxito comercial, Berlín proporcionó a Bowie una nueva dirección, permitiéndole crear parte de la música más influyente de su carrera.

Bowie se separó de Angie durante este periodo y ella mantuvo a su hijo Duncan alejado de él.

A Coco Schwab, la asistente personal de Bowie, se le atribuye el mérito de haber "establecido" al artista en Berlín. Convirtió su apartamento en una galería improvisada y lo acompañó a exposiciones de arte. Bowie le dejó dos millones de dólares en su testamento.

Bowie describió sus tres álbumes de Berlín, y especialmente la canción «Heroes», como "su ADN".

Low se grabó mientras Bowie se recuperaba de su adicción a la cocaína. El título hace clara referencia a su estado emocional durante el período de abstinencia, pero también forma un ingenioso juego de palabras visual con una imagen del perfil de Bowie en la portada en alusión a su "perfil bajo" ("low profile") en ese momento.

Se dice que Bowie solía usar ropa de trabajo cuando vivía en Berlín para mantener su "anonimato".

Bowie, Iggy Pop y Lou Reed solían frecuentar clubs nocturnos, especialmente el Dschungel, el equivalente berlinés a Studio 54.

El escritor Rory MacLean contó que una vez él mismo e Iggy Pop estuvieron en un coche con Bowie, y que este conducía por el aparcamiento de un hotel mientras gritaba que quería "acabar con todo".

Eno explicó que Bowie no comía mientras grababa. Llegaba a casa a las seis de la mañana y se metía un huevo crudo en la boca.

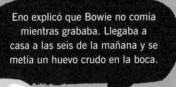

Bowie grabó en el Hansa Tonstudio de Kreuzberg, un estudio berlinés construido en 1974, conocido también por el nombre de "Hansa by the Wall".

Bowie declaró que, a pesar de haber abandonado la capital mundial de la cocaína (Los Ángeles) por la capital mundial de la heroína (Berlín), se sentía mucho más seguro allí, ya que esta droga no le resultaba atractiva.

B
también de

Blackstar
Es el vigésimo quinto álbum de estudio de Bowie y el último que publicó en vida. Tony Visconti lo describió como el "regalo de despedida" de Bowie a sus fans. Se trata de su único LP que alcanzó el número uno en Estados Unidos y el único que no presenta una imagen de Bowie en la portada.

«Boys Keep Swinging»
Aunque fue acusado de sexismo, Bowie dijo que este tema «jugaba con la idea de la colonización del género». Llegó al número siete en el Reino Unido, el primer éxito de Bowie en las listas desde «Sound and Vision» dos años antes.

Bonos Bowie
Bowie ofreció a los inversores participaciones en las futuras regalías de 25 álbumes por un plazo de 10 años. De este modo, pudo utilizar los ingresos de esta innovadora operación financiera para readquirir los derechos de sus primeras grabaciones.

BowieNet
Bowie lanzó su propio proveedor de servicios de Internet en el 98. Las ventajas de poder controlar su producción eran evidentes. Además, vio el potencial de los usos más amplios de Internet y en aquel momento afirmó: «Si volviera a tener 19 años, pasaría de la música y me metería de lleno en Internet».

Boy George
Boy George declaró tras la muerte de Bowie: «Tengo este aspecto gracias a Bowie. El look de Bowie no era afeminado. Eso es lo que la gente suele confundir. Parecía extraño, parecía "otro", pero no era atractivo. Incluso cuando se maquillaba y llevaba botas blancas hasta la rodilla, parecía un hombre».

también de

«China Girl»
Una canción escrita para el LP *The Idiot* de Iggy Pop. Bowie grabó una versión más orientada a las listas de éxitos para su álbum *Let's Dance*. La estrella del videoclip era la actriz y modelo neozelandesa Geeling Ng. Bowie inició una relación con la joven en Sídney y luego viajó a Europa con él en la gira Serious Moonlight.

Cuchara de cocaína
Bowie llevaba una pequeña cuchara de cocaína colgada del cuello durante la grabación de *Station to Station*. A esas alturas ya era un consumidor habitual. Este objeto formó parte de la exposición «David Bowie is».

Colaborador
La carrera de Bowie estuvo repleta de colaboraciones icónicas. Desde la impresionante «Under Pressure» con Queen, pasando por *The Idiot* de Iggy Pop y la grabación de «Dancing in the Street» con Mick Jagger hasta *Transformer* con Lou Reed y «Fame» con John Lennon; además de las grabaciones con Bing Crosby, Cher, Luther Vandross, Tina Turner, Trent Reznor, Massive Attack y Arcade Fire, por nombrar solo algunas (y estas son solo las colaboraciones musicales). Su trabajo con Brian Eno es de los mejores. Y con el productor Tony Visconti trabajó de forma habitual.

Carinda
Ciudad situada en el extremo norte de Nueva Gales del Sur (Australia) donde se filmó el famoso vídeo de «Let's Dance», con escenas icónicas rodadas en el Hotel Carinda. Joelene King y Terry Roberts interpretaron a la joven pareja del vídeo, ambos eran estudiantes del Aboriginal Islander Dance Theatre.

Nick Cave
Cave versionó el tema «Andy Warhol» durante sus actuaciones en directo en la década de los setenta.

Bananarama grabó una versión de la canción con Stock and Waterman, pero nunca se publicó.

Tras la muerte de Bowie, «Changes» entró por primera vez en la lista de singles del Reino Unido y alcanzó el número 49.

El 'ch-ch-ch-ch' es uno de los tartamudeos más famosos del rock. Parece ser un guiño a «My g-g-g-generation» de The Who, un tema publicado unos seis años antes, aunque sí fue anterior al también muy famoso «b-b-b-Bennie and the Jets» de Elton John.

Las piezas al piano las interpreta Rick Wakeman en el centenario piano de cola Bechstein de los Trident Studios, el mismo que utilizaron Elton John y los Beatles.

En la canción Bowie tocó el saxofón y Mick Ronson se encargó de los arreglos de cuerdas.

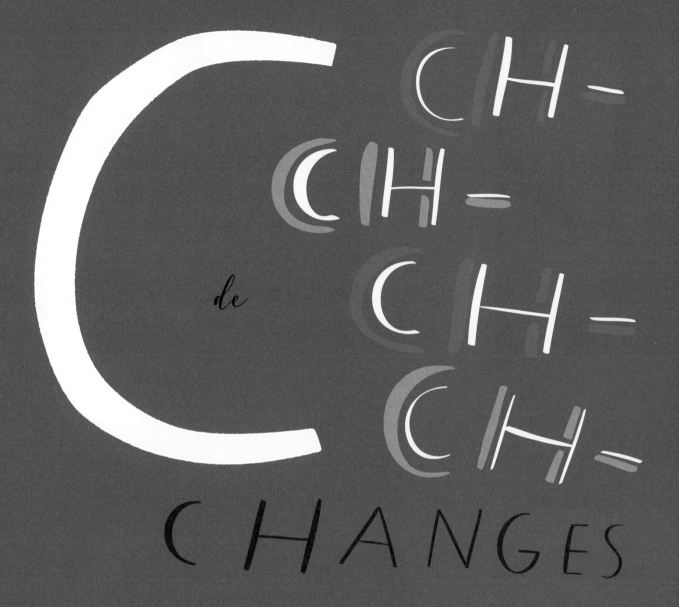

C de CH-CH-CH-CH-CH- CHANGES

La canción «Changes», del álbum *Hunky Dory* de 1971, comenzó como una especie de parodia. Sin embargo, se convirtió en un clásico y fue uno de los temas de Bowie más solicitados en directo. La letra explora el despertar de un adolescente, la postura desafiante de una nueva generación frente a los mayores que seguían insistiendo en que ellos sabían más. Un tema compuesto cuando Angie Bowie estaba embarazada de su hijo Duncan, y el propio Bowie se enfrentaba a lo que sería una carrera de reinvención constante. Los cambios de Bowie son legendarios. Más que ningún otro artista, el personaje musical de Bowie se transformaba continuamente: la moda, el estilo musical, la personalidad y la historia de fondo desempeñaban un papel, desde Ziggy y Aladdin Sane, hasta el Delgado Duque Blanco y demás. «Changes» también se convirtió en el nombre de una serie de recopilaciones de lo mejor de Bowie que reflejaban sus cambios de estilo. *Changesonebowie* se publicó en 1976, *Changestwobowie* en 1981, *Changesbowie* en 1990 y finalmente *Nothing Has Changed* en 2014.

D de

DISCOGRAFÍA

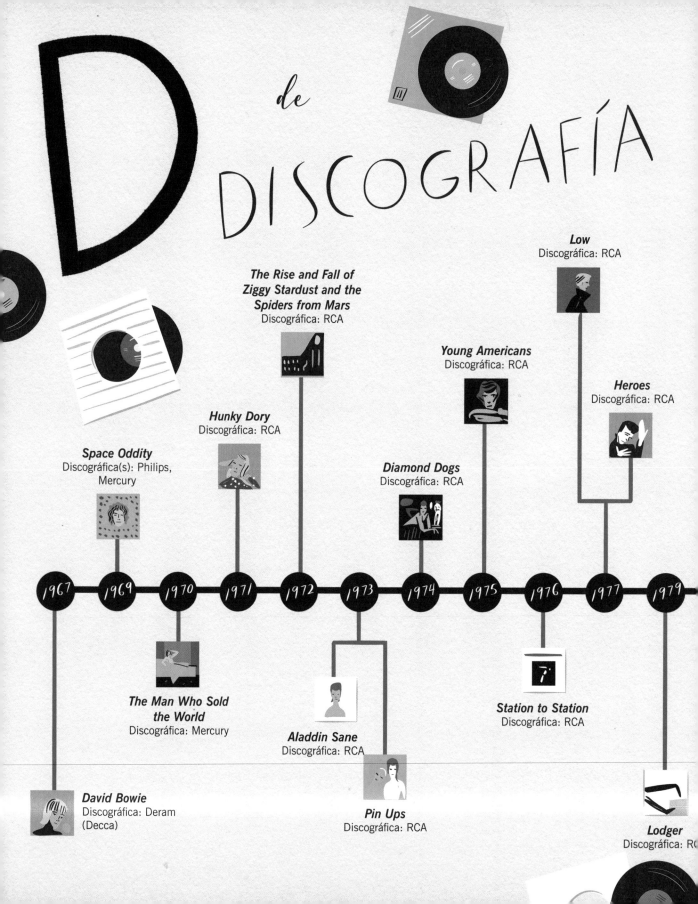

Low
Discográfica: RCA

The Rise and Fall of Ziggy Stardust and the Spiders from Mars
Discográfica: RCA

Young Americans
Discográfica: RCA

Heroes
Discográfica: RCA

Hunky Dory
Discográfica: RCA

Diamond Dogs
Discográfica: RCA

Space Oddity
Discográfica(s): Philips, Mercury

1967   1969   1970   1971   1972   1973   1974   1975   1976   1977   1979

The Man Who Sold the World
Discográfica: Mercury

Aladdin Sane
Discográfica: RCA

Station to Station
Discográfica: RCA

David Bowie
Discográfica: Deram (Decca)

Pin Ups
Discográfica: RCA

Lodger
Discográfica: RC

Basta con mirar los discos publicados por Bowie a lo largo de casi 50 años para hacerse una idea del artista y del alcance de su ambición y creatividad. Con nada menos que 25 álbumes de estudio en solitario, nueve álbumes en directo, 51 álbumes recopilatorios, 121 singles y tres bandas sonoras, la producción de Bowie es asombrosa. Pero no es solo el número de álbumes lo que impresiona. Los cambios estilísticos, la inventiva, los llamativos efectos visuales, las identidades y las influencias están presentes en toda su discografía. Desde carátulas de álbumes icónicas como *Ziggy Stardust*, *Aladdin Sane* y *Heroes*, hasta narrativas encantadoras e influyentes cambios de estilo. La obra de Bowie es la historia de un hombre que se reinventa constantemente, que está dispuesto a provocar, que siempre busca lo que está por venir y lo más novedoso y que, de alguna manera, se mantiene a la vanguardia, incluso cuando era una figura habitual en las listas de éxitos y en la radio comercial. Como él mismo dijo: «No sé a dónde voy, pero prometo que no será aburrido».

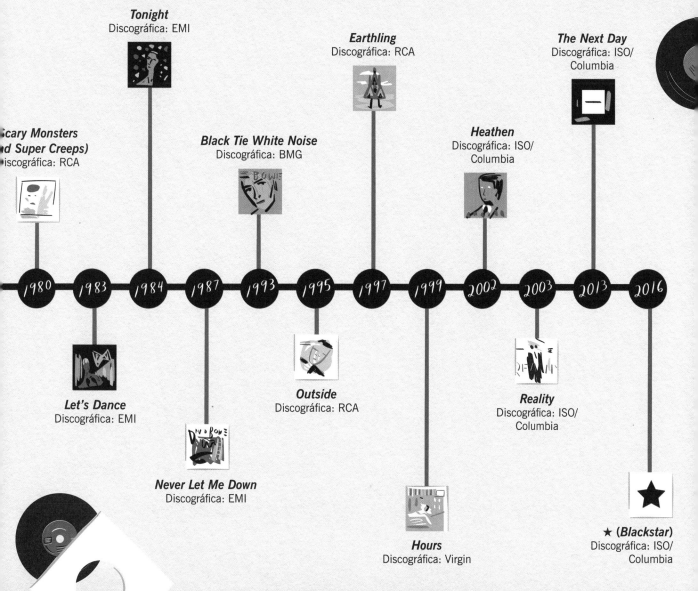

Tonight
Discográfica: EMI

Earthling
Discográfica: RCA

The Next Day
Discográfica: ISO/
Columbia

**Scary Monsters
(and Super Creeps)**
Discográfica: RCA

Black Tie White Noise
Discográfica: BMG

Heathen
Discográfica: ISO/
Columbia

1980 · 1983 · 1984 · 1987 · 1993 · 1995 · 1997 · 1999 · 2002 · 2003 · 2013 · 2016

Let's Dance
Discográfica: EMI

Outside
Discográfica: RCA

Reality
Discográfica: ISO/
Columbia

Never Let Me Down
Discográfica: EMI

Hours
Discográfica: Virgin

★ **(Blackstar)**
Discográfica: ISO/
Columbia

E

también de

Elephant Man

Bowie interpretó a Joseph Merrick en la producción de Broadway de *El hombre elefante*, un hombre gravemente deformado. Para ello, evitó el uso de maquillaje u otros efectos y optó por representar la figura distorsionada utilizando su cuerpo de forma artística.

Earthling

Vigésimo álbum de estudio de Bowie, publicado en 1997. En el marco de la escena del drum-and-bass de los años noventa, *Earthling* se caracteriza por su batería frenética y por sus notas electrónicas. Coproducido con Reeves Gabrels y Mark Plati, el disco incluye los éxitos «Little Wonder», «Dead Man Walking» y «I'm Afraid of Americans».

Extras

Una de las últimas actuaciones televisivas de Bowie fue en la *sitcom* de Ricky Gervais. La hilarante escena muestra a Bowie convirtiendo las quejas de Andy Millman en la canción «Little Fat Man», con un toque vocal distintivo de Bowie en la frase "chubby little loser".

«Eight Line Poem»

Este tema de *Hunky Dory* cuenta con un gran trabajo de guitarra de Mick Ronson, Rick Wakeman al piano y, como sugiere el título, un poema de ocho líneas de Bowie. William S. Burroughs dijo a Bowie al respecto: «Bueno, he leído este "Eight Line Poem" tuyo y me recuerda mucho a T.S. Eliot». A lo que Bowie respondió: «Nunca lo he leído».

Everybody Loves Sunshine

Una película independiente británica relativamente desconocida en la que aparece Bowie junto a Goldie, pionero del drum-and-bass. Bowie interpreta a un gángster veterano que lucha por mantener la paz entre bandas enfrentadas en el barrio de Pepperhill, en Manchester.

Brian Eno compuso «Warszawa» en su sintetizador portátil EMS Synthi AKS. Este sintetizador acabó regalándoselo a Bowie.

Happy Birthday!

Eno creó el sonido de arranque de seis segundos para Windows 95.

Como parte de su investigación al escribir *Outside*, Bowie y Eno viajaron juntos a Viena para entrevistar a los pacientes del centro Gugging, una clínica psiquiátrica especializada en terapia artística.

STOP BELIEVIN THERE IS A PROPER WAY TO DO THINGS

A la hora de componer, Eno y Bowie solían utilizar las "tarjetas de estrategia oblicua" creadas por Peter Schmidt y el propio Eno, un paquete de tarjetas que contenían frases al azar, destinadas a suscitar ideas creativas.

Eno recibió un email de Bowie siete días antes de su muerte que decía: «Gracias por nuestros buenos momentos, Brian. Nunca se marchitarán». Más tarde, Eno afirmó: «Ahora me doy cuenta de que se estaba despidiendo». El email iba firmado con el nombre de "Dawn". Eno explicó que a menudo firmaban con nombres inventados y que entre los de Bowie destacaban: Mr. Showbiz, Milton Keynes, Rhoda Borrocks y The Duke of Ear.

Bowie y Brian Eno pusieron sus nombres a sendas arañas: Heteropoda davidbowie y Pseudocorinna brianeno, respectivamente.

E de ENO

Bowie y Brian Eno fueron amigos y colaboradores durante más de 40 años. Su trabajo en conjunto más destacado es el de los álbumes de Bowie que componen la Trilogía de Berlín: *Low, Heroes* y *Lodger*. Eno fue un pionero de la música ambiental. Su nuevo sonido —con instrumentales ambientales febriles y espaciosos— fue justo lo que recetó el médico musical en un momento en que Bowie necesitaba recuperarse seriamente. El que fuera teclista de Roxy Music había captado la atención de Bowie con sus botas de plataforma glam-rock, boas de plumas y purpurina. *Low* se considera probablemente su obra estelar, especialmente el magnífico instrumental «Warszawa», escrito por Eno e interpretado con la ayuda del hijo de cuatro años del ingeniero Tony Visconti. Los dos músicos volvieron a colaborar en el álbum conceptual *Outside*, de 1995. Subtitulado *The Ritual Art-Murder of Baby Grace Blue: A Non-linear Gothic Drama Hyper-Cycle*, el álbum trata de una visión distópica de 1999 en la que el asesinato se ha convertido en una moda artística.

F de FASHION

«Fashion» es, por supuesto, un tema clásico de *Scary Monsters (and Super Creeps)* a través del cual Bowie se mofa del superficial mundo de la moda transitoria. Llegó al puesto número cinco en el Reino Unido y al setenta en Estados Unidos. El propio Bowie es sinónimo de moda. Sus estilos vanguardistas que desafían el género han influido en décadas de estilo. Durante la etapa final de su vida, a Bowie le gustaba la diseñadora Rei Kawakubo, de Comme des Garçons: su extraordinaria alta costura, escultural e inventiva, encajaba perfectamente con su estética. En cuanto a los diseñadores del vestuario de Bowie, destacan especialmente Michael Fish, responsable del "vestido de hombre" que Bowie lució en la portada de *The Man Who Sold the World*; Freddie Burretti, quien diseñó la mayor parte del vestuario durante la época de Ziggy Stardust, incluido el traje azul cielo de «Life on Mars»; Kansai Yamamoto, el genio detrás del icónico traje de vinilo "Tokyo Pop" y el mono asimétrico de punto que utilizó en la gira de *Aladdin Sane*; además de Natasha Korniloff, que se encargó de diseñar el traje de Pierrot para el vídeo de «Ashes to Ashes»; y Alexander McQueen, creador del llamativo abrigo Union Jack para la portada de *Earthling*.

BEEP BEEP

Bowie utilizó por primera vez el famoso "beep-beep" en una canción inédita llamada «Rupert the Riley» en 1970.

La colección de primavera 2013 de Jean Paul Gaultier rindió homenaje a Ziggy Stardust, con looks inspirados en Bowie y modelos de pasarela que lucían pelucas rojas al estilo Ziggy.

A los 17 años, Bowie apareció en un programa de la BBC como fundador de la Sociedad para la Prevención de la Crueldad contra los Hombres de Pelo Largo. ¿Su queja? «No es agradable que la gente te llame cariño y eso».

En los Grammys del 75, un Bowie hasta arriba de cocaína y casi anoréxico lució un esmoquin, pajarita blanca y pelo naranja.

El vídeo de «Fashion» cuenta con la participación de May Pang, la misma que había sido amante de John Lennon del 73 al 75 y que luego se casó con Tony Visconti.

Mick Jagger advirtió una vez: «Nunca te pongas un par de zapatos nuevos delante de él». Una insinuación sobre la reputación de Bowie como ladrón de modas y tendencias.

F
también de

«Fame»

Canción escrita y grabada de forma conjunta entre Bowie y John Lennon para el disco *Young Americans*. Bowie comentó sobre sus conversaciones con Lennon: «Pasamos horas interminables hablando de la fama y de lo que es no tener ya una vida propia. Lo mucho que quieres ser conocido antes de serlo y, luego, cuando lo eres, lo mucho que quieres lo contrario». También dijo lo siguiente: «Creo que la fama en sí misma no es algo gratificante. Lo máximo que se puede decir es que te da un asiento en los restaurantes».

Fortuna

Se estima que el patrimonio neto de Bowie era de unos 230 millones de dólares.

«Five Years»

Tema de apertura del álbum *The Rise and Fall of Ziggy Stardust and the Spiders from Mars*. Los expertos han señalado diversas fuentes de inspiración para esta composición apocalíptica, como el poema de Roger McGough «At Lunchtime - A Story of Love» y un sueño que tuvo Bowie en el que su padre le decía que moriría en cinco años.

«Friday on My Mind»

Bowie versionó este tema de los Easybeats en su álbum *Pin Ups* de 1973. El coautor de la canción, Harry Vanda, dijo que era la única versión que le había gustado.

Perry Farrell

Perry Farrell, el cantante de Jane's Addiction y fundador del festival Lollapalooza, dijo de Bowie en *Rolling Stone*: «Lo situaba en un nivel divino. Su presencia en el escenario era fascinante, sin grandes esfuerzos. Música coescrita con ángeles. Junto con John Lennon, los dos hombres más inspiradores de mi vida». Farrell interpretó «Rebel Rebel» en el concierto tributo del Radio City Music Hall.

G

también de

Grammys
Aunque parezca increíble, Bowie solo ganó dos Grammys: en 1985, el de mejor vídeo musical de corta duración por *Jazzin' for Blue Jean* y el Premio Grammy a la carrera artística en 2006.

Girlfriends (and Boyfriends)
Bowie tuvo una relación con Hermione Farthingale en los sesenta, también estuvo con Marianne Faithfull, la modelo del videoclip de «The Jean Genie» Cyrinda Foxe, Amanda Lear, Romy Haag y Ava Cherry en los setenta. Según Susan Sarandon, tuvieron un romance en los ochenta y Bowie "salió de gira" con la modelo del vídeo de «China Girl», Geeling Ng. También salió con la actriz Melissa Hurley y tuvo una supuesta "aventura" con Tina Turner. Con Bianca Jagger salió en 1983, y posiblemente también con Mick Jagger en algún momento. Otros rumores mencionan a Liz Taylor, la modelo Candy Clark, Iggy Pop, Lou Reed y Sable Starr.

«Golden Years»
El famoso vídeo de este sencillo de 1975 parte de la actuación en el show de TV *Soul Train*. Algunas fuentes afirman que Bowie tuvo que emborracharse para la actuación, ya que era uno de los pocos artistas blancos que aparecían en el programa. Bowie dijo que quería que Elvis Presley interpretara la canción, pero el cantante declinó.

Philip Glass
A Bowie le fascinaban las obras del compositor experimental Philip Glass. En 1992, Glass compuso una sinfonía basada en el álbum *Low* de Bowie, llamada *'Low' Symphony*. En 1996 hizo lo mismo con *Heroes*.

God
La última cuenta que Bowie siguió en Twitter antes de morir fue @TheTweetofGod.

En los años setenta, todo tipo de artistas se vieron englobados en el género glam rock, entre ellos MC5, Alice Cooper, The New York Dolls, Lou Reed, Iggy Pop y Elton John.

En 1971, Bowie declaró al *Telegraph*: «Creo que el glam rock es una forma fantástica de categorizarme y es aún más gratificante ser uno de sus líderes. Formar parte de una tendencia da seguridad. Con un poco de suerte y si trabajo duro, probablemente podré resistir».

La canción «All the Young Dudes», que Bowie compuso para Mott the Hoople, suele considerarse el himno definitivo del glam rock.

ROCK AND ROLL

En 2002, Bowie declaró al *Daily News*: «El Glam realmente sentó las bases de una nueva identidad. Creo que muchos jóvenes lo necesitaban, esa sensación de reinvención. Aprendieron que, por muy loco que parezca, hay un lugar para lo que quieres hacer y para ser quien quieres ser».

Bowie le preguntó una vez a John Lennon qué opinaba del glam rock y este le respondió: «Es solo rock and roll con pintalabios».

de

GLAM

En 1971, cuando Marc Bolan apareció como líder de T. Rex en *Top of the Pops* e interpretó «Hot Love» vestido con purpurina y satén, un nuevo look captó la atención del mundo entero. El glam rock era rock and roll para la clase trabajadora con peinados imposibles y botas de plataforma. Los grandes hits de artistas como Gary Glitter, Wizzard, The Sweet y Slade abarrotaron las listas de éxitos. Eso sí, entre lo mejor del género encontramos el art-rock expresivo de Bolan y Roxy Music, superado, sin duda, por la mayor estrella del movimiento, Ziggy Stardust. Extravagante, afeminado y adicto al espacio, el alter ego de Bowie trastocó las percepciones del género y brindó un nuevo enfoque a la forma de actuar y vestir. Desde ese momento, los roles de género fluidos se convertirían en un elemento básico del rock y la música indie. Bowie no solo se libró de la burla asociada a muchos actos glam, sino que se le considera un referente de lo mejor que el glam podía ofrecer. Bolan declaró la muerte del glam en 1973, pero cuando los Spiders from Mars subieron al escenario de *Top of the Pops* en el 72 para tocar «Starman», de su nuevo LP, la música rock cambió para siempre.

H de HEROES

Bowie y Brian Eno coescribieron «Heroes» mientras ambos trabajaban juntos en Berlín. Se trata de una canción que aborda el tema de la guerra, en concreto el Muro de Berlín y cómo afectó a la gente común. Aunque ahora se ha convertido en una de las canciones más emblemáticas de Bowie —y sin duda una de las más famosas—, en el momento de su lanzamiento solo llegó al puesto 24 en la lista de éxitos del Reino Unido. La grabación de las voces es legendaria: el productor Tony Visconti colocó tres micrófonos, uno a 23 centímetros, otro a 6 metros y otro a 15 metros. Los micrófonos estaban cerrados y solo se abrían cuando la voz de Bowie alcanzaba un determinado nivel. Si a esto le añadimos la retroalimentación de la guitarra de Robert Fripp y los sintetizadores de Eno, obtenemos un sonido que nunca se ha reproducido. Bowie cantó «Heroes» en el Reichstag alemán, en Berlín Occidental, en junio de 1987, y la actuación —junto con el espectáculo de Bruce Springsteen en el Radrennbahn Weissensee— se considera que contribuyó a la caída del Muro de Berlín. Tras la muerte de Bowie, el Ministerio de Asuntos Exteriores alemán tuiteó para agradecerle su impacto en aquel momento y decir: «Ahora estás entre los #Héroes».

A Dave Gahan le propusieron ser vocalista de Depeche Mode cuando Vince Clarke le escuchó cantar «Heroes».

Cuando se lanzó *Heroes*, Charlie Gillett, periodista del *NME*, escribió: «Bueno, tuvo una buena racha para un tipo que no era cantante. Pero creo que su momento ya ha pasado, esto solo suena aburrido».

En 2003, Bowie contó a *Performing Songwriter* sobre la actuación de 1987: «Nos enteramos de que algunos berlineses del este podrían tener la oportunidad de escuchar la canción, pero no nos dimos cuenta del gran número de personas que la escucharían... Así que fue como un concierto doble en el que el muro era la división. Y les oíamos animar y cantar desde el otro lado. Dios, incluso ahora se me hace un nudo en la garganta. Se me partía el corazón. Nunca había hecho algo así en mi vida y creo que nunca más lo haré».

Bowie siempre dijo que la canción trataba de dos amantes, uno del Berlín Oriental y otro del Occidental. Más tarde admitió que en realidad se inspiró en su productor Tony Visconti y su amante, a quienes vio besarse junto al muro.

La canción solo ha recibido la certificación de oro en un país: Italia.

«Heroes» es la segunda canción más versionada de Bowie después de «Rebel Rebel». Entre las versiones más destacadas están las de Blondie, Peter Gabriel, TV on the Radio y Nico. La canción llegó finalmente al número uno en el Reino Unido e Irlanda cuando los concursantes de The X Factor de 2010 (entre ellos One Direction) la lanzaron como single benéfico.

H

también de

Hair (pelo)

Teddy Antolin fue el peluquero de Bowie durante 25 años. Antolin presentó a Bowie la que sería su futura esposa, la modelo somalí Iman Mohamed Abdulmajid. Además, se le considera responsable de haber ayudado a Bowie a dejar de fumar. Murió un mes después de Bowie, a los 68 años. El famoso peinado rojo de Ziggy/Aladdin Sane lo hizo la peluquera de la madre de Bowie, Suzi Fussey, la misma que estuvo de gira con Bowie y acabó casándose con Mick Ronson.

Hunky Dory

Cuarto álbum de estudio de Bowie, grabado en 1971. Se trata del primer disco en el que participa la formación que se convertiría en los Spiders from Mars. Entre sus magníficas canciones destacan «Changes» y «Oh! You Pretty Things», además del homenaje a Andy Warhol, de título homónimo.

Hermione

Antigua novia de Bowie. Hermione Farthingale le rompió el corazón e inspiró el tema «Letter to Hermione» de *Space Oddity* tras su ruptura. Es, además, la "chica del pelo castaño" a la que se hace referencia en «Life on Mars» con la frase *girl with the mousy hair*.

Hitler

Bowie sentía fascinación por la historia nazi e incluso en una ocasión llegó a decir: «Si lo piensas, Adolf Hitler fue la primera estrella del pop». También es famosa la imagen que le tomaron mientras salía de su coche en la estación londinense de Victoria haciendo lo que muchos creyeron que se parecía, sospechosamente, a un saludo nazi. Bowie negó rotundamente lo del saludo nazi (diciendo que simplemente le habían capturado agitando la mano) y desde entonces declaró que sus extrañas afirmaciones sobre Hitler las hizo cuando estaba pasando por un momento muy oscuro.

también de

Iggy Pop

El cantante de los Stooges, Iggy Pop, estuvo con Bowie en Berlín en los años setenta. Durante esta época, Bowie coescribió y produjo sus álbumes *The Idiot* y *Lust for Life*. Los dos fueron amigos de por vida. Iggy dijo una vez: «Bowie me salvó de una destrucción profesional y quizá personal, así de simple».

Isolar & Isolar II

Las giras mundiales de Bowie de 1976 y 1978. La primera fue la gira de promoción del álbum *Station to Station*, la segunda de *Low* y *Heroes*.

«I Got You Babe»

En 1973 Bowie interpretó una versión de la canción de Sonny & Cher en el programa de TV *The Midnight Special* con Marianne Faithfull. Fue la última vez que apareció públicamente como Ziggy.

«I Can't Explain»

Bowie grabó este single de The Who de 1965 para *Pin Ups*, su álbum de versiones de 1973.

Icono

Cuando el programa de la BBC *The Culture Show* convocó una votación pública en 2006, Bowie quedó en cuarto lugar en la lista de los mayores iconos vivos de Gran Bretaña, por detrás de Paul McCartney, Morrissey y David Attenborough en el primer puesto.

Introvertido

Bowie era bastante tímido e introvertido fuera del escenario, en las entrevistas y entre bastidores. En 2002 confesó a Terry Gross, de *Fresh Air*: «No vivo para el escenario. No vivo para el público... Francamente, si pudiera librarme de tener que actuar, sería muy feliz. No es lo que más me gusta hacer... Lo que me gusta es componer y grabar, mucho más en ese nivel creativo, supongo».

Al nacer su hija, Bowie dijo: «De la noche a la mañana, nuestras vidas se han enriquecido más allá de lo imaginable».

Bowie e Iman aparecieron en el videojuego *Omikron: the Nomad Soul*, para el que Bowie creó la banda sonora.

En una ocasión, Iman lució una camiseta de Ziggy Stardust cuando presentaba *Project Runway*.

Bowie le propuso matrimonio a Iman bajo el puente Pont Neuf de París.

Iman declaró una vez en una entrevista con *Harper's Bazaar*: «No estoy casada con David Bowie, estoy casada con David Jones. Nunca he tenido a la prensa en mi apartamento. Nuestra casa es nuestro hogar. Hay que recordar la diferencia entre una persona y un personaje».

I de IMAN

A pesar de que ambos aparecieron en la película *The Linguini Incident (Encadenadamente tuya)*, Bowie e Iman no se conocieron realmente hasta que el estilista de Bowie, Teddy Antolin, los presentó en una fiesta. Antolin explicó al respecto: «En cuanto entró [Iman], toda la atención se centró en ella. Tenía una gran sonrisa, y ella y David se miraron y fue amor a primera vista, podías sentir la electricidad». Se casaron en 1992 y su hija Alexandria nació en 2000. Estuvieron casados 23 años. De origen somalí, Iman Mohamed Abdulmajid es modelo, actriz y fundadora y directora general de IMAN Cosmetics. "Iman" significa "fe" en árabe y su religión es la musulmana. Antes de Bowie estuvo casada dos veces, una con un empresario somalí y otra con un jugador de baloncesto profesional estadounidense con quien tiene una hija, Zulekha. Bowie declaró sobre su relación: «Pensarás que una estrella del rock casada con una supermodelo es una de las mejores cosas del mundo. Pues así es».

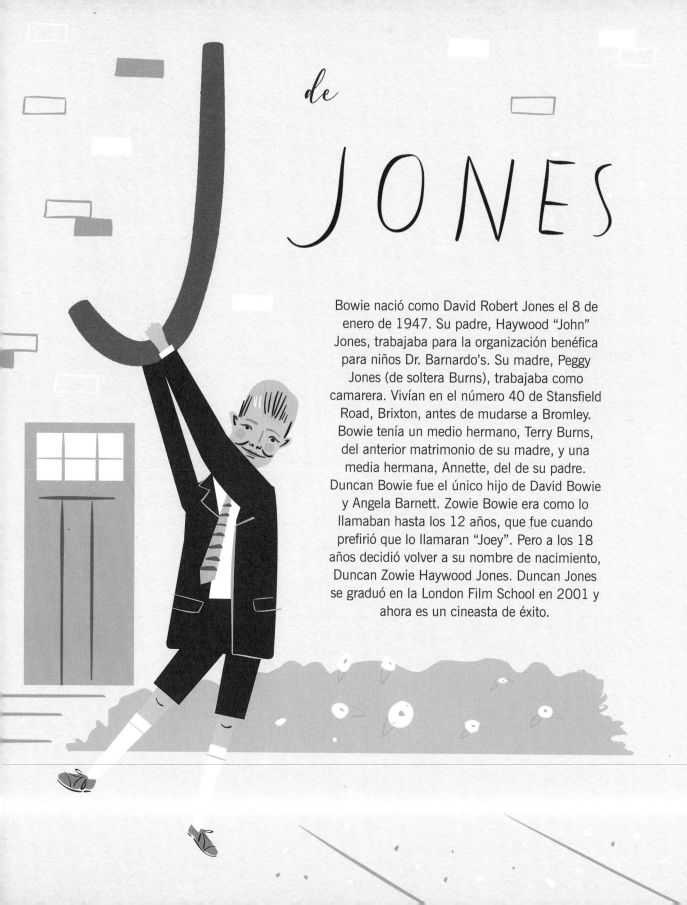

de
JONES

Bowie nació como David Robert Jones el 8 de enero de 1947. Su padre, Haywood "John" Jones, trabajaba para la organización benéfica para niños Dr. Barnardo's. Su madre, Peggy Jones (de soltera Burns), trabajaba como camarera. Vivían en el número 40 de Stansfield Road, Brixton, antes de mudarse a Bromley. Bowie tenía un medio hermano, Terry Burns, del anterior matrimonio de su madre, y una media hermana, Annette, del de su padre. Duncan Bowie fue el único hijo de David Bowie y Angela Barnett. Zowie Bowie era como lo llamaban hasta los 12 años, que fue cuando prefirió que lo llamaran "Joey". Pero a los 18 años decidió volver a su nombre de nacimiento, Duncan Zowie Haywood Jones. Duncan Jones se graduó en la London Film School en 2001 y ahora es un cineasta de éxito.

Moon, la película de ciencia ficción dirigida por Duncan Jones, ganó un montón de premios, incluido el BAFTA al mejor debut y dos Premios del Cine Independiente Británico.

Terry Burns, el medio hermano de Bowie, era diez años mayor que él. Terry lo introdujo en el mundo de la música jazz y ejerció una gran influencia durante la infancia de Bowie.

Los padres de Bowie se casaron ocho meses después de su nacimiento. Estaban esperando la tramitación del divorcio de su padre.

Terry Burns se suicidó arrojándose a las vías del tren tras una vida luchando contra la esquizofrenia. Bowie no asistió a su funeral por miedo a crear un circo mediático, pero envió flores con una nota que rezaba: «Has visto más cosas que las que podemos imaginar, pero todos estos momentos se perderán, como lágrimas en la lluvia», parafraseando la famosa frase de la película *Blade Runner*.

Bowie se cambió el nombre a los 18 años para que no lo confundieran con el cantante Davy Jones, que acabó siendo el líder de The Monkees.

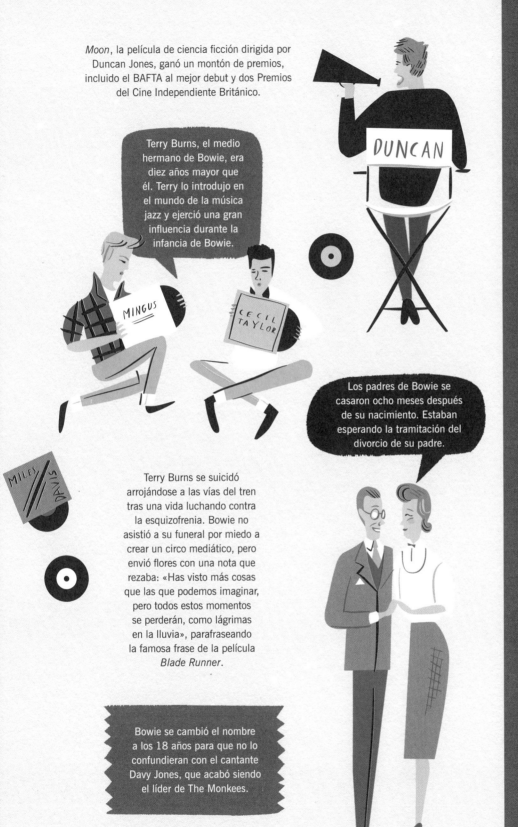

Mick Jagger

Bowie se sentía claramente atraído por el cantante de los Rolling Stones. Su amistad intermitente pasó a la historia del rock. Nadie sabe con certeza si realmente tuvieron una relación física, ambos lo han negado en repetidas ocasiones. Angie Bowie insinúa con mucho énfasis que Jagger y Bowie fueron amantes en su libro *Backstage Passes: Life on the Wild Side with David Bowie*. Además, la ex novia de Bowie, Ava Cherry, afirma haber sido «el relleno de una galleta de David Bowie y Mick Jagger».

Japan

Bowie estuvo muy influenciado por los diseñadores japoneses y el teatro Kabuki. Por otra parte, el grupo Japan recibió una gran influencia de Bowie y su cantante, David Sylvian, contribuyó con su voz en la canción «Forbidden Colours» de la película de Bowie *Merry Christmas, Mr. Lawrence (Feliz Navidad, Mr.Lawrence)*.

«John, I'm Only Dancing»

Sencillo publicado inicialmente en septiembre de 1972 y respaldado por «Hang on to Yourself» del álbum *Ziggy Stardust*. Esta magnífica canción abordaba sin tapujos el tema de las relaciones homosexuales y bisexuales. Además, se consideró que era demasiado arriesgada para lanzarla como single en los Estados Unidos.

«The Jean Genie»

El single principal de *Aladdin Sane* alcanzó el número dos en las listas de éxitos del Reino Unido en 1972. En el libro *Moonage Daydream*, Bowie explica: «Desarrollé la letra del tema a partir de un ligero riff que escribí una noche en Nueva York para el disfrute de Cyrinda [Cyrinda Foxe, la socia de Warhol que protagonizó el vídeo], y al final se convirtió en una especie de *smörgåsbord* de una América imaginada… basada en un personaje tipo Iggy…. El título era un torpe juego de palabras con Jean Genet».

K

también de

Nick Kent

El célebre crítico de rock británico, Nick Kent, expresó lo siguiente sobre Bowie: «Bowie no inventó el glam rock —Marc Bolan y Alice Cooper le precedieron como embajadores de este estilo musical—, pero fue su exponente más atractivo y el más dotado musicalmente y, además, poseía el carisma y la inteligencia necesarios para cambiar el curso de la música popular ese año». En una ocasión, Bowie le soltó a Kent: «Así que tú eres Nick Kent, qué guapo eres ¿no?» y le lanzó un beso.

Knighthood (Caballero)

Bowie rechazó el titulo de caballero en 2003 (ya había rechazado un CBE en 2000). Declaró: «Nunca tendría ninguna intención de aceptar algo así. No he dedicado mi vida a trabajar para esto».

«Kooks»

Bowie escribió esta canción para su hijo recién nacido Zowie/Duncan. El tema se incluyó en el álbum *Hunky Dory* de 1971.

Kashmir

Bowie cantó en el single «The Cynic» de la banda danesa Kashmir, cuya producción corrió a cargo de Tony Visconti. Visconti los presentó en un concierto de los Killers: «Cuando a David le presenté a Kasper en la sección VIP del palco y le conté que era el cantante de Kashmir, David le estrechó la mano con entusiasmo y le comentó que ya había escuchado su último CD y que le había gustado», dijo Visconti.

Kemp eligió a Bowie como bailarín en la producción de la BBC *The Pistol Shot*, donde conoció a Hermione Farthingale, la protagonista de la canción «Letter to Hermione».

Kemp participa en el vídeo dirigido por Mick Rock para el sencillo «John I'm Only Dancing», cuya emisión se prohibió en *Top of the Pops*.

Bowie no fue el único alumno famoso de Kemp: Kate Bush también aprendió de él algunos de sus movimientos.

Una de las primeras actuaciones de Kemp en el escenario fue en *Pierrot in Turquoise*. El personaje del Pierrot aparecería más tarde en la obra de Bowie, sobre todo en su vídeo «Ashes to Ashes».

Lindsay Kemp actuó en el escenario con Bowie en los conciertos de *Ziggy Stardust* en el Rainbow Theatre.

Kemp interpretó a la Dama de la Pantomima en *Velvet Goldmine*, de Todd Haynes, una película sobre la era glam pensada originalmente como un biopic de Bowie, no obstante, el artista no aprobó el proyecto y se negó a ceder los derechos de su música.

K

KEMP

Bowie fue alumno de Lindsay Kemp en 1966. Asistió a su clase en el Dance Centre de Londres para estudiar mimo y teatro underground. Esta experiencia no solo proporcionó a Bowie muchos de sus movimientos característicos, sino que también le ayudó a desarrollar algunos de sus personajes más memorables. Bowie dijo más tarde sobre Kemp: «Su día a día era lo más teatral que había visto en mi vida. Para mí, aquello era bohemio. Así que me uní al circo». Lindsay Kemp nació en Cheshire en 1938 y desde muy joven se sintió atraído por la danza. Estudió mimo con Marcel Marceau y formó su propia compañía de danza a principios de los años sesenta. Rupert Smith, de *The Guardian*, describió el estilo de Kemp como una mezcla de "golpes duros de realismo" con vuelos eróticos de fantasía. No es de extrañar que a Bowie le gustara.

L de

LABERINTO

Dentro del laberinto es una película fantástica de 1986 dirigida por el creador de los Muppets, Jim Henson. Bowie interpreta a Jareth, el rey de los duendes, un personaje con una melena espantosa que parece una cascada de arañas y una bragueta demasiado reveladora que se ha convertido en una de las imágenes más recordadas de Bowie. La canción más conocida de la banda sonora compuesta por Bowie es la tan ochentera «Magic Dance». La película fue un fracaso en taquilla y la interpretación tampoco ganaría ningún premio. Aún así, el carácter lúdico y el humor absurdo de la película (el guion fue escrito por Terry Jones, de los Monty Python) junto con el estatus de culto de Henson y Bowie la han convertido en un hito de la cultura pop para los amantes de los ochenta y los noventa. Para los niños de los ochenta, *Dentro del laberinto* fue probablemente su primera incursión en el universo Bowie.

El malabarista de contacto Michael Moschen se encargó de manipular las hipnotizantes bolas de cristal giratorias de Jareth. Tuvo que ejecutar sus increíbles habilidades a ciegas, escondiéndose fuera de plano bajo la axila de Bowie.

Algunos de los candidatos para el papel de Jareth fueron Sting, Michael Jackson, Mick Jagger, Freddie Mercury, Ted Nugent y Prince.

Bowie se describió a sí mismo a los 17 años como un «mimo atrapado en el cuerpo de un hombre». Utilizó sus habilidades de mimo con muy buenos resultados en la película *Dentro del laberinto*.

Low

Este disco influyó en toda una generación y a día de hoy sigue sonando bastante vanguardista, ya sea por la profecía autocumplida de Bowie sobre el post-punk y la new wave, o por los efectos de sintetizador de Brian Eno y la innovadora producción de Visconti.

«Liza Jane»

El primer single de Bowie. Publicado bajo el nombre de Davie Jones with the King Bees. Este tema se lanzó en 1964, cuando Bowie tenía 17 años, aunque no obtuvo un gran éxito en las listas. En 2011 se vendió una copia original por 3000 dólares.

«The Laughing Gnome»

Esta canción novedad de 1967 llegó al número seis en las listas del Reino Unido. Cuando Bowie pidió a sus fans que eligieran canciones para su gira de 1990 a través de un mensaje de texto, esta fue la más solicitada. Sin embargo, no la tocó. Ya era una estrella cuando se reeditó y se convirtió en un éxito. Siempre la describió como "una vergüenza".

Lust for Life

En 1977, Bowie coescribió y participó como músico en el clásico LP de Iggy Pop.

Let's Dance

La canción que da título al LP de 1983 alcanzó el número uno en el Reino Unido y los Estados Unidos. Además, estuvo acompañada de un vídeo musical muy innovador. El álbum, coproducido por Nile Rodgers de la banda Chic, también incluía la versión de Bowie de «China Girl», compuesta por Iggy Pop y el propio Bowie. A pesar de su atractivo comercial, también cuenta con algunos temas un tanto extraños, como el frenético «Ricochet» y el malhumorado «Criminal World».

El tema «Underground» se publicó como single y con un vídeo musical que utilizaba muchas de las marionetas y temas de la película *Dentro del laberinto*, pero no contenía ninguna secuencia de la película en sí.

Como el enano Hoggle se perdió durante el transporte, ahora los fans de la película pueden encontrar la marioneta en una vitrina en el Centro de Equipajes No Reclamados de Alabama.

Bowie interpretó los gorjeos de bebé en la grabación de la canción «Magic Dance».

M

también de

Bowie estuvo a punto de interpretar al villano Max Zorin de la película de James Bond *A View to a Kill* (*Panorama para matar*). Pero rechazó el papel, declarando que: «No quería pasar cinco meses viendo a mi doble de acción caerse por los acantilados». En su lugar, fue Christopher Walken quien interpretó el papel (con un aspecto muy parecido al Delgado Duque Blanco).

La película *Velvet Goldmine* de Todd Haynes se basa claramente en la figura de Bowie. Asimismo, su amiga y *doppelgänger* Tilda Swinton afirmó que Bowie fue una gran influencia para su personaje en *A Bigger Splash* (*Cegados por el sol*).

«Modern Love»
El tercer sencillo de *Let's Dance*, lanzado en 1983. Alcanzó el número dos en las listas del Reino Unido.

The Man Who Sold the World
El tercer LP de Bowie es el punto de inflexión entre *Space Oddity* y el glam rock de *Ziggy Stardust*. Además, la obsesión de Bowie por Crowley, Nietzsche y Kafka empieza a colarse en sus temas. Lulu y Nirvana cuentan con las versiones más notables de este tema.

«Moonage Daydream»
Un temazo cargado de acordes del álbum *The Rise and Fall of Ziggy Stardust and the Spiders from Mars* con uno de los solos más memorables del guitarrista Mick Ronson. En 1971 se publicó por primera vez como single de Arnold Corns, el proyecto paralelo de Bowie.

Maquillaje
Peggy, la madre de Bowie, recuerda haber encontrado a un David muy joven con el rostro "cubierto" de maquillaje. Dijo: «Cuando lo encontré, parecía un payaso. Le dije: "No deberías usar maquillaje", pero me contestó: "Tú lo haces, mamá". Estuve de acuerdo, pero le indiqué que no era apropiado para niños pequeños».

Mug Shot (foto policial)
Bowie e Iggy Pop acabaron detenidos por posesión de marihuana en 1976. Fueron liberados sin cargos, pero el resultado para Bowie se tradujo en una de las fotos policiales más elegantes de todos los tiempos.

Midwife (comadrona)
Al parecer la comadrona que atendió el parto de Bowie se las daba de clarividente y cuando nació, dijo: «Este niño ya ha estado en la Tierra».

George Martin
El famoso productor de los Beatles rechazó la oferta de producir el LP *Space Oddity* de Bowie.

FILMOGRAFÍA

Theatre 625 1968 (serie de TV)
The Image 1969 (cortometraje)
The Virgin Soldiers 1969
Pierrot in Turquoise or The Looking Glass Murders 1970
Ziggy Stardust and the Spiders from Mars 1973
The Man Who Fell to Earth (*El hombre que vino de las estrellas*) 1976

Just a Gigolo (*Gigoló*) 1978
Christiane F (*Yo, Cristina F*) 1981
The Snowman 1982 (cortometraje)
Baal 1982
Merry Christmas, Mr. Lawrence (*Feliz Navidad, Mr. Lawrence*) 1983
The Hunger (*El ansia*) 1983
Yellowbeard (*Los desmadrados piratas de Barba Amarilla*) 1983
Into the Night (*Cuando llega la noche*) 1985
Labyrinth (*Dentro del laberinto*) 1986
Absolute Beginners (*Principiantes*) 1986

The Last Temptation of Christ (*La última tentación de Cristo*) 1988
Dream On (*Sigue soñando*) 1991 (serie de TV)
The Linguini Incident (*Encadenadamente tuya*) 1991
Twin Peaks: Fire Walk With Me (*Twin Peaks: Fuego camina conmigo*) 1992
Basquiat 1996
Gunslinger's Revenge (*Il mio West*) 1998

Everybody Loves Sunshine 1999
Mr. Rice's Secret (*El secreto del señor Rice*) 2000
Zoolander 2001
Extras 2006 (serie de TV)
The Prestige (*El truco final: el prestigio*) 2006
Arthur and the Invisibles (*Arthur y los Minimoys*) 2006
SpongeBob's Atlantis Squarepantis (*Bob Esponja: Aventura en la Atlántida*) 2007
August 2008
Bandslam (*School Rock Band*) 2009

Ben Stiller describió el haber podido trabajar con Bowie durante su cameo en *Zoolander* como un hito en su carrera.

Bowie protagonizó junto a Marlene Dietrich el film *Just a Gigolo*, la última película de la actriz. Se dice que nunca estuvieron en el mismo lugar al mismo tiempo: sus escenas se rodaron por separado y luego se juntaron en la edición.

M
de
MOVIE STAR

La personalidad teatral de Bowie y su pasión por el teatro le llevaron a interpretar numerosos y singulares papeles, muchos de ellos tan emblemáticos como idiosincrásicos. Cuenta con más películas en sus espaldas que álbumes y, aunque sus interpretaciones cinematográficas nunca fueron tan aclamadas por la crítica como las musicales, su presencia en la pantalla siempre fue electrizante y muchas de sus películas continúan siendo de culto. La carrera cinematográfica de Bowie abarcó una extraordinaria variedad de personajes: desde héroes del mundo real como Nikola Tesla y Andy Warhol, hasta seres fantásticos como un extraterrestre, un vampiro y un rey de duendes. Ganó un premio Saturn al mejor actor por *El hombre que vino de las estrellas*, mientras que su actuación en *Feliz Navidad, Mr. Lawrence* es considerada por muchos como la mejor de todas.

de

NEWLEY

Anthony Newley fue un compositor, cantante y actor de los años sesenta. El propio Bowie lo mencionó a menudo como una gran influencia en su obra inicial. Newley nació en 1931 y cosechó varios éxitos entre 1959 y 1962. Contribuyó en la composición del clásico «Feeling Good», que luego inmortalizaría Nina Simone. También coescribió el tema de *Goldfinger* y la banda sonora de *Willy Wonka y la fábrica de chocolate*, de 1971. Además, interpretó el papel de Artful Dodger en la versión cinematográfica de 1948 de *Oliver Twist*. Cantaba con un acento muy británico y su sonido siempre contenía un hilo de melancolía, algo que ayudó a dar forma al estilo musical del joven Bowie. El sonido de Newley se puede escuchar en todo el álbum debut de Bowie, que lleva su propio nombre como título, y también en *Space Oddity*. La personalidad teatral de Newley fue una gran influencia para Bowie. Newley fue incluido en el Salón de la Fama de los Compositores en 1989.

Bowie era un gran fan de la serie de televisión de Anthony Newley: *The Strange World of Gurney Slade*.

Bowie grabó una versión de «What Kind of Fool Am I?» para el album *Pop Goes the Weasel* de 2003, un álbum en homenaje al difunto Anthony Newley.

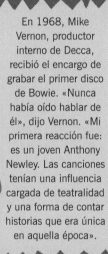

En 1968, Mike Vernon, productor interno de Decca, recibió el encargo de grabar el primer disco de Bowie. «Nunca había oído hablar de él», dijo Vernon. «Mi primera reacción fue: es un joven Anthony Newley. Las canciones tenían una influencia cargada de teatralidad y una forma de contar historias que era única en aquella época».

«Laughing Gnome» de Bowie era un claro pastiche de las canciones de vodevil de Newley. Este era conocido por sus versiones de temas antiguos como «Pop Goes the Weasel».

N

también de

The Next Day

El vigésimocuarto álbum de estudio de Bowie, publicado en marzo de 2013. Fue su primer álbum en diez años, y con él Bowie obtuvo su primer número uno en el Reino Unido desde el lanzamiento en 1993 de *Black Tie, White Noise*. El diseño de la cubierta consiste en la imagen de la portada de *Heroes*, oculta por un cuadrado blanco que contiene el título del álbum. El productor y bajista Tony Visconti contó que durante los descansos de la grabación escuchaba las maquetas: «Caminaba por Nueva York con los auriculares puestos, viendo a toda la gente con camisetas de Bowie y pensaba… si supierais lo que estoy escuchando en este momento…».

Nathan Adler

Un personaje inventado por Bowie, cuyo "diario" aparece en las notas del disco *Outside* de 1995. Adler es un detective *gumshoe noir* en un futuro distópico en el que el asesinato se ha convertido en una forma de "arte".

Nine Inch Nails

Bowie eligió a esta banda de rock industrial como cabeza de cartel de la gira *Outside*, e incluso cantó su canción «Hurt».

Nirvana

Nirvana versionó «The Man Who Sold the World» para su álbum *MTV Unplugged in New York*. Bowie comentó lo siguiente sobre la versión de Nirvana: «Simplemente me quedé alucinado cuando descubrí que a Kurt Cobain le gustaba mi trabajo. Me hubiera gustado hablar con él sobre sus razones para versionar "The Man Who Sold the World". Habría estado muy bien trabajar con él, pero el mero hecho de hablar con él habría sido realmente genial».

O
también de

Outside

Con este álbum Bowie y Brian Eno volvían a trabajar juntos desde la Trilogía de Berlín. Las notas del álbum incluyen un relato corto, *The Diary of Nathan Adler*. El álbum contiene tres singles de éxito, entre los que destaca «Hallo Spaceboy», que tuvo muy buena acogida cuando fue remezclado por The Pet Shop Boys. Tras la muerte de Bowie, Eno declaró: «Hace aproximadamente un año empezamos a hablar de *Outside*, el último álbum en el que trabajamos juntos. Hablamos de revisitarlo, de llevarlo a un lugar nuevo. Estaba deseando hacerlo».

Omikron: The Nomad Soul

Videojuego desarrollado por Quantic Dream para el que Bowie compuso la música y varias canciones, muchas de las cuales se incluirían posteriormente en el álbum *Hours*. También participó en el argumento y el diseño del juego y además interpretó dos roles: un personaje llamado Bos y el cantante de una banda ficticia llamada The Dreamers. Incluso Iman tuvo un pequeño papel en el videojuego.

Ocultismo

Cuando Bowie vivía en Los Ángeles en los setenta se volvió muy adicto a la cocaína, lo cual le condujo a una paranoia y una obsesión muy seria con el ocultismo. Hay quien afirma que en esa época leyó el libro *Psychic Self-Defense*, un manual para protegerse de la "malevolencia paranormal", y por eso empezó a dibujar pentagramas protectores en todas las superficies. Muchos piensan que la frase de «Breaking Glass» *Don't look at the carpet. I drew something awful on it (No mires la alfombra. He dibujado algo horrible en ella)* se refiere a uno de esos pentagramas. Al parecer, Bowie confesó a su biógrafo Mark Spitz en 2009: «Mi psique estaba por las nubes. Estaba alucinando las 24 horas del día».

Peter Noone de Herman's Hermits también grabó la canción, lanzada en un single en el que Bowie tocaba el piano. Su versión alcanzó el número 12 en las listas del Reino Unido en 1971. Noone cambió la línea *the Earth is a bitch* por *the Earth is a beast*.

Al conocerse su bisexualidad, los periódicos británicos locales publicaron el titular «Oh, You Pretty Thing», relacionando siempre la canción con la sexualidad de Bowie.

Posiblemente, Bowie señaló el fin del reinado de las cosas bonitas en su álbum *Hours*, de 1999, con el tema «The Pretty Things are Going to Hell». En el vídeo se encuentra con versiones pasadas de sí mismo: The Man Who Sold the World, Ziggy, The Thin White Duke y Pierrot.

Bowie solía interpretar la canción en directo a modo de popurrí con «Wild Eyed Boy from Freecloud» y «All the Young Dudes».

Pierre LaRoche fue el encargado de maquillar a Bowie con el rayo característico de Aladdin Sane, así como la "esfera astral" dorada de Ziggy. LaRoche dijo de Bowie en el 73: «Tiene la cara perfecta para el maquillaje. Tiene rasgos uniformes, pómulos altos y una boca muy buena». Después de trabajar con Bowie, LaRoche pasó a crear los looks icónicos de *Rocky Horror Picture Show*.

La introducción a piano de la canción se ha comparado a menudo con el tema de los Beatles «Martha My Dear».

de

OH!
YOU
PRETTY
THINGS

Bowie lanzó este tema como single
de *Hunky Dory* en diciembre de
1971. El concepto de la canción, en
el que la juventud se alinea con una
raza extraterrestre visitante (también
reflejado en «Starman») parece ser
la interpretación de Bowie de las
visiones de Nietzsche y del ocultista
Aleister Crowley sobre el declive de
la raza humana. También sugiere
que Bowie estaba anunciando una
nueva era en la que las formas
rígidas de la vieja guardia eran
sustituidas por una juventud con
una visión más flexible de la política,
la moda y la sexualidad.

P de PIN UPS

Este álbum de versiones es el séptimo LP de Bowie y el último que contó con los Spiders from Mars como banda de acompañamiento (aunque el batería Mick Woodmansey fue sustituido por Aynsley Dunbar). *Pin Ups* es un homenaje a muchos de los grupos y artistas que Bowie consideraba una influencia en su música. Contiene dos temas de The Who y otros dos de The Yardbirds. También encontramos una versión de «See Emily Play» de Pink Floyd, algo que parece natural ya que Syd Barrett era otro referente de la música de vanguardia que cantaba con un marcado acento inglés. Tenemos versiones de Them, The Kinks, The Easybeats, The Pretty Things y The Mojos. Además, su impresionante versión de «Sorrow» de los Merseys es tan buena que hoy en día sigue considerándose uno de sus temas clásicos. No obstante, otros grandes ídolos de Bowie no figuran en el álbum, entre ellos Elvis, Bob Dylan, Marc Bolan, Mick Jagger y John Lennon. Aunque más tarde versionaría «Across the Universe» de los Beatles y «Let's Spend the Night Together» de los Rolling Stones. Por otra parte, las canciones de Bowie han sido versionadas en innumerables ocasiones por otros artistas: Nirvana, Barbra Streisand, Tori Amos, The White Stripes, The Cure, Matchbox 20, Janelle Monáe, Peter Gabriel, Duran Duran, Robbie Williams, Philip Glass y Beck, por nombrar solo algunos.

En la portada del álbum aparecen Bowie y la modelo Twiggy, fotografiados por el entonces representante de Twiggy, Justin de Villeneuve. En un principio la foto era para la revista *Vogue*, pero a Bowie le gustó tanto que se la quedó para la portada del álbum. De Villeneuve declaró al respecto: «Cuando regresé a Londres y se lo conté a *Vogue*, no volvieron a hablarme».

Pin Ups entró en las listas de éxitos más o menos al mismo tiempo que el álbum de versiones de Bryan Ferry titulado *These Foolish Things*. Se cree que la omisión de algunos de los ídolos de Bowie, como Elvis, John Lennon y The Rolling Stones, se debe a que Ferry versionó a la mayoría de estos artistas en su disco.

También se grabó una versión de «White Light, White Heat» de The Velvet Underground, pero nunca se terminó.

Para la reedición de 1990 se incluyó una versión de «Growin' Up» de Bruce Springsteen y otra de «Port of Amsterdam» de Jacques Brel.

Punk

Aunque Bowie solía absorber cada nuevo estilo musical que surgía, parecía no interesarle el punk rock en absoluto. En una entrevista con la prensa australiana en 1978, declaró: «Definirlo como punk es poner automáticamente un límite a sus posibilidades». También mencionó a Talking Heads como un gran grupo punk, pero añadió: «Oh, hay una nueva banda que vi el otro día... ¿Dire Straits?»

Pinturas

Bowie declaró al *New York Times* en 1998 : «el arte es, sin duda, lo único que siempre he querido poseer. Es capaz de cambiar la forma cómo me siento por las mañanas». Adquirió dos Tintorettos y un Rubens, y también coleccionaba la obra de Tracey Emin y Damien Hirst. Admiraba a los pintores Francis Picabia, Egon Schiele y Francis Bacon. Además, el propio Bowie era un pintor consumado con un estilo expresionista muy influenciado por Bacon y Picabia.

Plastic Soul

Bowie describió sus canciones de principios y mediados de los setenta como "plastic soul", un término utilizado para referirse a los artistas blancos que cantaban música soul. Bowie sintió durante toda su vida un gran amor por el soul y el R&B. Decía que eran «la base de toda la música popular».

Elvis Presley

Elvis cambió la vida de Bowie para siempre. Bowie confesó que había visto a un primo suyo bailando al ritmo de «Hound Dog» y que se quedó asombrado por el poder de la canción. Los dos músicos cumplían años el mismo día, y se dice que la canción inédita de Presley, «Blackstar», y su premonición de la muerte, fueron una gran influencia para el último álbum de Bowie.

también de

«Queen Bitch»

Bowie describió esta canción, escrita en 1971 para *Hunky Dory*, como un homenaje a Lou Reed. Su estilo es muy similar al de The Velvet Underground, en particular a su canción «Sweet Jane», aunque Bowie afirmó que el riff se inspiraba en «Three Steps to Heaven» de Eddie Cochran. En cualquier caso, fue el punto de partida del icónico sonido glam-rock de *The Rise and Fall of Ziggy Stardust and the Spiders From Mars*.

Quiff (tupé)

Bowie comenzó su carrera musical con un tupé y un traje ceñido con corbata, un estilo muy tradicional. En los años ochenta recuperó el estilo, pero modernizó el look añadiendo colas al traje y un poco más de *bouffant* al pelo.

Queen Elizabeth

Bowie rechazó el título de Sir que le otorgó la Reina de Inglaterra. Su respuesta fue: «En serio, no sé para qué sirve».

Quirks (rarezas)

Es de sobra conocido que Bowie fumaba como un carretero, tenía un interés obsesivo por el ocultismo y la Cábala y le gustaba dibujar runas y pentagramas protectores. Pero algunas de sus peculiaridades menos conocidas son su afición por el pastel de pastor, el hecho de que nunca bebía té (a menos que fuera té verde japonés) y que durante la grabación de *Station to Station* se alimentaba a base de cocaína, pimientos y leche.

El tema alcanzó la posición 29 en la lista Billboard de EE.UU. Tras la muerte de Bowie, volvió a entrar en la lista durante una semana en el número 45.

Fue en el concierto de homenaje a Freddie Mercury donde Bowie se arrodilló y recitó el Padre Nuestro. Brian May comentó que nadie sabía que aquello iba a suceder y lo describió como un "gran momento".

Al principio, todos hicieron aportaciones a la canción y el título provisional era «People on Streets», pero luego Bowie decidió hacerse cargo de la letra y la estructura de la canción. Queen se alegró de ceder el control, ya que, según May, «Bowie estaba experimentando un momento de genialidad».

Vanilla Ice utilizó el famoso riff para «Ice Ice Baby», su gran éxito de los noventa.

El bajista de Queen, John Deacon, afirmó que a Bowie se le había ocurrido el riff de la línea de bajo. Sin embargo, segun se contó más tarde, parece que Deacon ideó el riff, pero lo olvidó mientras salía a cenar. Por suerte, Bowie lo había recordado. Además, Brian May dijo que hubo un momento tenso en el que Bowie detuvo a Deacon mientras tocaba para mostrarle la forma correcta de tocar el riff. La letra la compuso en su mayor parte Bowie.

Queen tocó el tema en directo en cada uno de sus conciertos desde 1981 hasta que dejaron de hacer giras en 1986, pero Bowie no lo interpretó en directo hasta el concierto de homenaje a Freddie Mercury, en el que Annie Lennox cantó las líneas de Mercury. Después la interpretó con regularidad con la bajista Gail Ann Dorsey asumiendo el papel de Mercury.

El guitarrista de Queen, Brian May, declaró sobre la composición y la grabación de la canción: «Fue difícil, porque tenías a cuatro chavales muy precoces y a David, que era lo suficientemente precoz para todos nosotros».

de QUEEN

Bowie colaboró con Queen en el single «Under Pressure» de 1981. Esta canción acabaría siendo el tema final del álbum *Hot Space* de Queen lanzado en 1982. Al contar con dos vocalistas legendarios, Freddie Mercury —operístico, extravagante y desenfadado— y Bowie —teatral, enigmático y torturado— el resultado no podía dejar de ser algo especial. Su encuentro fue una coincidencia: Queen estaba en Montreux (Suiza) cuando Bowie vivía allí. Bowie se presentó en el estudio para saludar y la banda le pidió que cantara en una canción de Queen llamada «Cool Cat». Como no le gustó su voz en el tema, se puso a improvisar sobre una pieza en la que Queen estaba trabajando titulada entonces «Feel Like». El resultado fue «Under Pressure». La canción se convirtió en el tercer número uno de Bowie en el Reino Unido después de «Space Oddity» en 1975 y «Ashes to Ashes» en 1980, y en el segundo número uno de Queen en el Reino Unido tras el éxito de «Bohemian Rhapsody» en 1975.

de

R Rebel Rebel
Rebel

Bowie era un icono de la rebelión. Se oponía (siempre con elegancia) a las normas impuestas por la sociedad sobre el género y la sexualidad. Joe Moran escribió sobre él en *The Guardian*: «El mundo estaba cambiando, pero no lo suficientemente rápido. Que una estrella del pop abrace a otro hombre en la televisión puede que ahora no parezca algo muy revolucionario, pero en aquel entonces fue un acto liberador para los jóvenes que se enfrentaban a su sexualidad». Por ello, no es de extrañar que uno de sus temas más populares sea un grito de guerra a favor de los inadaptados. «Rebel Rebel» se publicó en 1974 como single de *Diamond Dogs*. A pesar de que se publicó en un momento en el que Bowie estaba dejando atrás su personalidad glam, aún era un tema con un toque de glam-rock muy atractivo para los fans. La canción alcanzó la posición número cinco en el Reino Unido. Es la canción más versionada de Bowie, y entre las muchas versiones, las *menos* notables son de Bryan Adams, Bay City Rollers y Shaun Cassidy. Incluso Dead or Alive y Duran Duran lo intentaron, pero nadie le hizo justicia. Con la reedición de «Queen Bitch» como cara B del single, marcaba un buen cierre de etapa, pues esta canción anunció la era glam-rock de Bowie, mientras que «Rebel Rebel» la cerraba.

R

también de

Religión

Bowie se casó con Iman en una ceremonia privada en 1992, pero sintió que debían celebrar un matrimonio en toda regla, "santificado por Dios", por lo que se casaron en una iglesia de Florencia. Ese mismo año, se arrodilló en el escenario y recitó el Padre Nuestro en el concierto de homenaje a Freddie Mercury ante una audiencia televisiva de casi mil millones de personas. En 1993, Bowie dijo que creía "eternamente" en la existencia "incuestionable" de Dios. Sin embargo, cuando fue entrevistado en 2005, dijo que la cuestión de la existencia de Dios «no es una pregunta que pueda responderse... No soy del todo ateo y eso me preocupa. Hay esa pequeña parte que se aferra... bueno, soy casi un ateo. Dame un par de meses».

Conejo rosa

Al parecer, durante una gira por Norteamérica en 2004, Bowie se vio acosado por un individuo disfrazado de conejo rosa. En ese momento se tomó el asunto a broma, pero dicen que se inquietó cuando subió al avión para irse de Nueva York y el conejo, todavía disfrazado, se encontraba a bordo.

Reality

El vigesimotercer álbum de estudio de Bowie, publicado en 2003 por su propio sello ISO records y coproducido por Bowie y Tony Visconti. El álbum giraba en torno a la idea de la realidad frente a la ilusión y planteaba la cuestión de si la realidad ya no existía realmente. El álbum incluye dos versiones: «Pablo Picasso» de The Modern Lovers y «Try Some, Buy Some» de George Harrison, ambas previstas para *Pin Ups 2*, un álbum que no se llegó a producir. *Reality* alcanzó el número tres en el Reino Unido, pero llegó al número uno en Dinamarca.

también de

«Starman»

Este tema fue una de las últimas incorporaciones a *The Rise and Fall of Ziggy Stardust and the Spiders from Mars* porque Dennis Katz, de la discográfica RCA, insistió de manera acertada en que el tema sería un gran single.

Scary Monsters

El decimocuarto álbum de estudio de Bowie, publicado en 1980. La contraportada revela el título añadido (*and Super Creeps*). El álbum incluye dos de los clásicos de Bowie por excelencia: «Ashes to Ashes» y «Fashion».

Station to Station

El décimo álbum de estudio de Bowie, publicado en 1976. El disco presentaba a uno de sus personajes más conocidos, The Thin White Duke (el Delgado Duque Blanco), e incluía los clásicos «Golden Years» y «Wild is the Wind».

«Suffragette City»

Esta canción, que figuraba originalmente en *The Rise and Fall of Ziggy Stardust and the Spiders from Mars*, se publicó posteriormente como single para promocionar el álbum recopilatorio *Changesonebowie*.

Sintetizador

Bowie era un obseso de los sintetizadores desde que usó el Mellotron (gracias al músico de estudio de la época, Rick Wakeman) en «Space Oddity», «Ashes to Ashes» y demás. El Synthi AKS utilizado en *Low* era de la misma marca que el utilizado por Pink Floyd para el instrumental «On the Run» de *Dark Side of the Moon*.

Saxofón

Bowie tocó el saxo alto en muchas de sus grabaciones, aunque quien interpreta el famoso riff en «Young Americans» es David Sanborn.

Flight of the Conchords rindió homenaje a Bowie con el descarado «Bowie's in Space» del sexto episodio de la serie cómica de HBO.

«Space Oddity» alcanzó el puesto número tres en la lista de iTunes dos días después de la muerte de Bowie.

«Space Oddity» se promocionó con anuncios del Stylophone, el sintetizador de bolsillo que Bowie toca en la primera estrofa.

El famoso teclista Rick Wakeman, de la banda de rock progresivo Yes, participó como músico de sesión durante la grabación de «Space Oddity» y tocó el Mellotron en el tema.

La BBC utilizó «Space Oddity» en su cobertura del alunizaje.

El astronauta Chris Hadfield grabó una versión de la canción mientras estaba en la Estación Espacial Internacional, de modo que se convirtió en el primer vídeo musical grabado en el espacio.

Dos astrónomos belgas, y fans de Bowie, le pusieron su nombre a una constelación que está cerca de Marte y, al trazarla, tiene la forma del icónico rayo de Ziggy. También hubo un intento de llamar al Planeta 9 (un nuevo planeta descubierto en la semana de la muerte de Bowie) "Planeta Bowie".

de

SPACE ODDITY

Lanzado por primera vez en 1969, este himno espacial fue el primer gran éxito de Bowie. Llegó al número cinco en las listas del Reino Unido y recibió el Premio Ivor Novello Especial por la Originalidad del año siguiente. 1969 fue el año del aterrizaje en la Luna, el espacio y la tecnología despertaban un gran interés, aunque la principal inspiración de Bowie vino sobre todo de la impresionante película de Stanley Kubrick, *2001: Una odisea del espacio*. En sus propias palabras: «estaba muy drogado cuando fui a verla, varias veces, y fue realmente una revelación para mí». El segundo álbum de Bowie, originalmente lanzado bajo el título *David Bowie* en Reino Unido, fue rebautizado como *Space Oddity* para el relanzamiento de 1972. Al reeditarse el tema en 1975 (en un maxi single), «Space Oddity» aterrizó en el número uno de las listas del Reino Unido. La canción introdujo al personaje ficticio Major Tom, que reapareció en el clásico de Bowie «Ashes to Ashes», en la versión remix de los Pet Shop Boys del single «Hallo Spaceboy» y podría decirse que volvió a aparecer una última vez en el vídeo de «Blackstar».

T de THIN WHITE DUKE

(Delgado Duque Blanco)

Asociado principalmente a su álbum *Station to Station* de 1976, el elegante Delgado Duque Blanco fue concebido en una época en la que Bowie estaba profundamente fascinado por el ocultista Aleister Crowley, la imaginería nazi y el concepto del *Übermensch* (Superhombre) de Friedrich Nietzsche. Bowie lo describió como «un tipo muy ario y fascista; un aspirante a romántico sin ningún tipo de emoción». Después de que Bowie hiciera algunos comentarios extraños a la prensa sobre Hitler y el fascismo, el Delgado Duque Blanco empezó a adquirir connotaciones muy siniestras. Bowie era muy adicto a la cocaína durante esta época y culpaba al consumo de drogas y a su inestable estado mental de los aspectos más extraños de su comportamiento (incluido el hábito de dibujar pentagramas y runas protectoras allá donde iba). En un intento de escapar de su adicción, Bowie acabó con el Delgado Duque Blanco y se marchó de Los Ángeles rumbo a un relativo anonimato en Berlín.

Más adelante, Bowie describiría al Delgado Duque Blanco como «un personaje muy desagradable» y «un superhombre ario sin emociones».

Bowie trató de distanciarse del personaje del Delgado Duque Blanco al decir: «Lo que se ve en el escenario no es siniestro. Es puro payaso. Me utilizo a mí mismo como lienzo y trato de pintar en él la verdad de nuestro tiempo. La cara blanca, los pantalones anchos… son Pierrot, el eterno payaso que oculta la gran tristeza de 1976».

Al salir de su coche en la estación de Victoria, vestido con una camisa marrón y luciendo una melena rubia peinada hacia atrás, Bowie fue fotografiado mientras hacía lo que algunos consideraron un saludo nazi a sus fans. Luego aclaró que simplemente estaba saludando y que el fotógrafo lo captó en pleno saludo.

El Delgado Duque Blanco en parte se basaba en Thomas Jerome Newton, el personaje de Bowie en *El hombre que vino de las estrellas*.

Años después Bowie reconoció que el personaje y la grabación de *Station to Station* marcaron sus "días más oscuros". «Estaba fuera de control, totalmente enloquecido», declaró al respecto.

Tin Machine

Tin Machine era una banda formada por Bowie en 1988, con el guitarrista Reeves Gabrels y los hermanos Tony y Hunt Sales. El quinto miembro no oficial, Kevin Armstrong, ha trabajado desde entonces con Morrissey. Bowie decidió formarla porque quería ser miembro de una banda en lugar de actuar en solitario. Tin Machine estuvo en activo durante cuatro años, hasta que Bowie decidió que lo suyo era actuar en solitario. A pesar de considerarse generalmente como el período más flojo de Bowie, la banda vendió dos millones de álbumes y el propio Bowie declaró que su tiempo con la banda contribuyó a revitalizar su carrera.

«Telling Lies»

En 1996 Bowie puso a disposición de los usuarios de Internet la descarga de este single de su álbum *Earthling*, con lo cual se convirtió en el primer artista importante en lanzar un sencillo en línea. Al parecer, se tardaba unos 11 minutos en descargar la canción con una conexión telefónica a Internet.

Tatuajes

Bowie tenía un tatuaje en la pantorrilla izquierda, una imagen de un delfín con una oración de serenidad japonesa escrita en kanji alrededor. Lo dibujó él mismo y pidió a un artista japonés que se lo tatuara. Iman tiene tatuado un pequeño cuchillo del tipo "Bowie" encima del tobillo con la palabra David escrita en él, así como las letras árabes correspondientes a David alrededor de su ombligo.

Tina Turner

Al parecer, Bowie no solo tuvo una aventura con la cantante de soul, sino que también coescribió la canción «Girls» (con Erdal Kızılçay) que aparece en el LP de Turner *Break Every Rule*.

Underpants (calzoncillos)

Después de la muerte de Bowie, Brian Eno publicó en Twitter una foto de Bowie en calzoncillos tocando el saxofón con el hashtag #GreatestEverDavidBowiePic.

«Underground»

Este tema con tintes góspel se publicó como single de la banda sonora del film *Dentro del Laberinto*. El videoclip es una acción en vivo que pasa a la animación, un estilo que el director Steve Barron utilizó en su famoso vídeo para «Take On Me» de A-ha.

Underworld

Bowie participó en la banda sonora de la película de 2003 protagonizada por Kate Beckinsale. En la canción «Bring Me the Disco King» también colaboraron John Frusciante de los Red Hot Chili Peppers y Maynard James Keenan de Tool.

Übermensch

Bowie sentía fascinación por el concepto del *Übermensch* del filósofo Friedrich Nietzsche, que significa "sobrehumano" o "superhombre" (por desgracia, también se cita con frecuencia como una gran influencia para Hitler y el partido nazi). En un momento dado, Bowie confesó: «Siempre he tenido la repulsiva necesidad de ser algo más que humano. Me sentía muy insignificante como humano. Pensé: "Al diablo con eso. Quiero ser un superhombre"». El concepto aparece por primera vez en *Ziggy Stardust*, pero predomina mucho más en *Station to Station*.

UFO

Dicen que Bowie aseguró haber visto objetos extraños en el cielo de Inglaterra cuando era un niño: Supuestamente, afirmó: «Venían con tanta regularidad que podíamos calcular el momento en que aparecían. A veces se quedaban quietos, otras veces se movían tan rápido que era difícil no perderlos de vista».

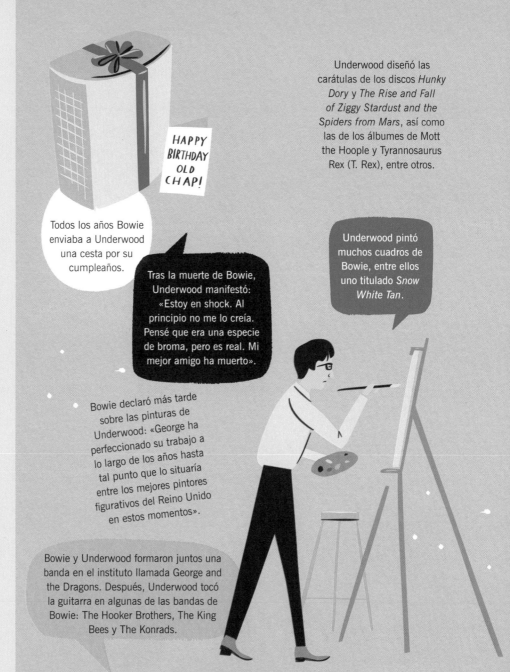

HAPPY BIRTHDAY OLD CHAP!

Todos los años Bowie enviaba a Underwood una cesta por su cumpleaños.

Underwood diseñó las carátulas de los discos *Hunky Dory* y *The Rise and Fall of Ziggy Stardust and the Spiders from Mars*, así como las de los álbumes de Mott the Hoople y Tyrannosaurus Rex (T. Rex), entre otros.

Tras la muerte de Bowie, Underwood manifestó: «Estoy en shock. Al principio no me lo creía. Pensé que era una especie de broma, pero es real. Mi mejor amigo ha muerto».

Underwood pintó muchos cuadros de Bowie, entre ellos uno titulado *Snow White Tan*.

Bowie declaró más tarde sobre las pinturas de Underwood: «George ha perfeccionado su trabajo a lo largo de los años hasta tal punto que lo situaría entre los mejores pintores figurativos del Reino Unido en estos momentos».

Bowie y Underwood formaron juntos una banda en el instituto llamada George and the Dragons. Después, Underwood tocó la guitarra en algunas de las bandas de Bowie: The Hooker Brothers, The King Bees y The Konrads.

DAVIE JONES with THE KING BEES

Bowie y Underwood grabaron un disco como The King Bees. Fue tras la pelea, por lo que estaba claro que seguían siendo amigos.

U de UNDERWOOD

Richard George Underwood era el mejor amigo de Bowie en la escuela. También es conocido por ser el responsable de que Bowie tuviera los ojos desiguales. A la edad de 15 años, en una pelea por una chica (Bowie era un poco peleón cuando era más joven), Underwood golpeó a Bowie en el ojo izquierdo y, accidentalmente, arañó su retina con una uña, paralizando el músculo que relaja y contrae la pupila. Esta enfermedad, la anisocoria, le acompañará durante toda su vida. Al igual que George Underwood, ya que, a pesar de lo sucedido, siguieron siendo buenos amigos. Underwood se convirtió en artista y diseñador gráfico, especializado en portadas de libros y material gráfico para álbumes de música.

V de VISCONTI

El productor discográfico Tony Visconti trabajó regularmente con Bowie a lo largo de su carrera, desde su primer encuentro en 1967 hasta el último álbum del artista, *Blackstar*. Los dos fueron amigos de por vida. Visconti contó en el festival SXSW que al principio odiaba *Space Oddity* y prefirió no producirlo en ese momento, «David volvió a verme y me dijo: "Bueno, ya nos hemos quitado eso de en medio, ahora sigamos con el álbum"». Visconti se sorprendió al ver que Bowie seguía queriendo trabajar con él: «Hicimos ese álbum [*The Man Who Sold the World*] el cual es considerado un clásico. La verdad es que todavía no sabía muy bien lo que estaba haciendo». Visconti desempeñó un papel fundamental en la famosa trilogía berlinesa de Bowie: *Low*, *Heroes* y *Lodger*. A menudo tocaba el bajo en sus álbumes y, a veces, también actuaba con él en directo; incluso fue el bajista del proyecto paralelo de Bowie y Mick Ronson, The Hype. Asimismo, destaca como productor de Marc Bolan (sobre todo en *Electric Warrior*, el álbum que muchos consideran el inicio del glam rock) y por encargarse de los arreglos orquestales del álbum *Band on the Run* de Paul McCartney and Wings.

Mientras grababa *Blackstar*, Visconti se fijó en las letras. Dijo que en ese momento pensó: «Qué cabrón, el muy astuto está escribiendo un álbum de despedida».

Una semana antes de su muerte, Bowie le dijo a Visconti que quería hacer un álbum más.

Visconti estuvo casado con May Pang, antigua amante de John Lennon.

Visconti recordó una vez su experiencia en Nueva York con Bowie y John Lennon: «Nos metimos montañas de cocaína, parecía el monte Cervino, de un tamaño escandaloso, y cuatro botellas de coñac», y señaló que Bowie «consumía tanto que habría matado a un caballo».

Visconti fue una de las pocas personas que estaba al corriente de la enfermedad de Bowie. Este se presentó a una sesión de grabación después de la quimioterapia. Según declaró Visconti a *Rolling Stone*: «No tenía cejas ni pelo en la cabeza. No había forma de que lo mantuviera en secreto para la banda. Me lo contó en privado y me quedé helado cuando nos sentamos a hablar de ello».

V
también de

V&A

El Victoria and Albert Museum de Londres es el responsable de la popular exposición «David Bowie is». Además, cuenta con la impresionante escenografía de *Diamond Dogs*, así como con muchos de los trajes más famosos de Bowie como parte de su colección.

Vampiros

Bowie interpreta a un vampiro en la película de Tony Scott de 1983, *El ansia* (en inglés *The Hunger*). La película presentaba el retrato de un hombre marchito y decadente, a medio camino entre la vida y la muerte. Peter Murphy, de la banda protogótica Bauhaus y fanático de Bowie aparece al inicio en una jaula cantando «Bella Lugosi's Dead», su oda a la película original de *Drácula*.

«Velvet Goldmine»

Una canción prevista en un principio para el álbum *Ziggy Stardust*, pero que no se incluyó debido a su letra atrevida (*let my seed wash your face*, en español *deja que mi semilla te lave la cara*). Originalmente se titulaba «He's a Goldmine» y estaba escrita desde el punto de vista de un fan que le cantaba al propio Ziggy. Posteriormente se publicó como cara B para el relanzamiento de «Space Oddity» en el 75. Todd Haynes utilizó el título de la canción para su película de la era del glam rock, protagonizada por Jonathan Rhys Meyers interpretando un papel inspirado en Bowie.

«V-2 Schneider»

Este tema principalmente instrumental del álbum *Heroes* es una oda a Florian Schneider de Kraftwerk. Bowie estaba obsesionado con el grupo durante su etapa berlinesa. El título hace referencia al Cohete V-2, el primer misil balístico desarrollado durante la Segunda Guerra Mundial en Alemania. Sin embargo, no está claro por qué Bowie combinó las dos ideas en el título. El tema se publicó como cara B del single «Heroes» de 1977.

W

también de

Andy Warhol

Andy fue una gran influencia para Bowie. Por ello le dedicó el tema «Andy Warhol» incluido en el álbum *Hunky Dory*. Aunque a Warhol no le gustó para nada la canción, lograron conectar porque a Andy le gustaron unos zapatos que Bowie llevaba puestos el día que se conocieron. Bowie interpretó a Andy Warhol en el biopic de Jean-Michel Basquiat.

«Wild is the Wind»

Canción escrita por Dimitri Tiomkin y Ned Washington para la película del mismo nombre. Nina Simone versionó esta canción dos veces. Y como Bowie era un gran fan de la cantante, decidió grabar su magnífica y melancólica versión para el álbum *Station to Station*. Igual como sucedió con «Sorrow», la versión era tan buena que la canción siempre se ha asociado a él, a pesar de ser una versión.

White Witch (bruja blanca)

Cherry Vanilla, publicista de Bowie en los años setenta, declaró que en una época en la que el consumo de cocaína de Bowie lo había vuelto paranoico y obsesionado con el ocultismo, le pidió a Cherry que consiguiera a la bruja blanca Walli Elmlark –una espiritista que había grabado el álbum *The Cosmic Children* con Robert Fripp– para que realizara un exorcismo en su casa de Los Ángeles. Según Angie, llevaron a cabo un ritual que había hecho burbujear la piscina y provocado la aparición de una sombra oscura en el fondo de la misma, algo que Bowie pensaba que era la marca del diablo.

«Walk on the Wild Side»

Bowie y Mick Ronson produjeron este clásico e inolvidable tema del álbum *Transformer* de Lou Reed. Ronnie Ross, que había vivido cerca de Bowie en Inglaterra y le había dado clases de saxofón cuando era más joven, tocó el solo de saxo en el tema.

En el vídeo Bowie lleva una camiseta con el lema "Song of Norway". Se cree que es una referencia a su antigua novia Hermione Farthingale, la cual dejó a Bowie para interpretar un papel en el musical Song of Norway en Dinamarca.

En el vídeo aparecen Bowie y una chica que ahora se sabe que es la artista Jacqueline Humphries, la esposa del director del vídeo Tony Oursler. Bowie la eligió porque se parecía a Coco Schwab, la mánager de Bowie (y presunta amante) durante los años de Berlín, la cual le ayudó a superar su adicción a la cocaína.

El vídeo muestra una serie de lugares de Berlín, incluido el taller de reparación de automóviles situado debajo del apartamento en el que vivió Bowie. También muestra una inusual colección de objetos, maniquíes, botellas, un globo ocular, huevos, un copo de nieve, una oreja azul gigante y un cristal, todos ellos concebidos como objetos que Bowie pudo tener en su apartamento de Berlín.

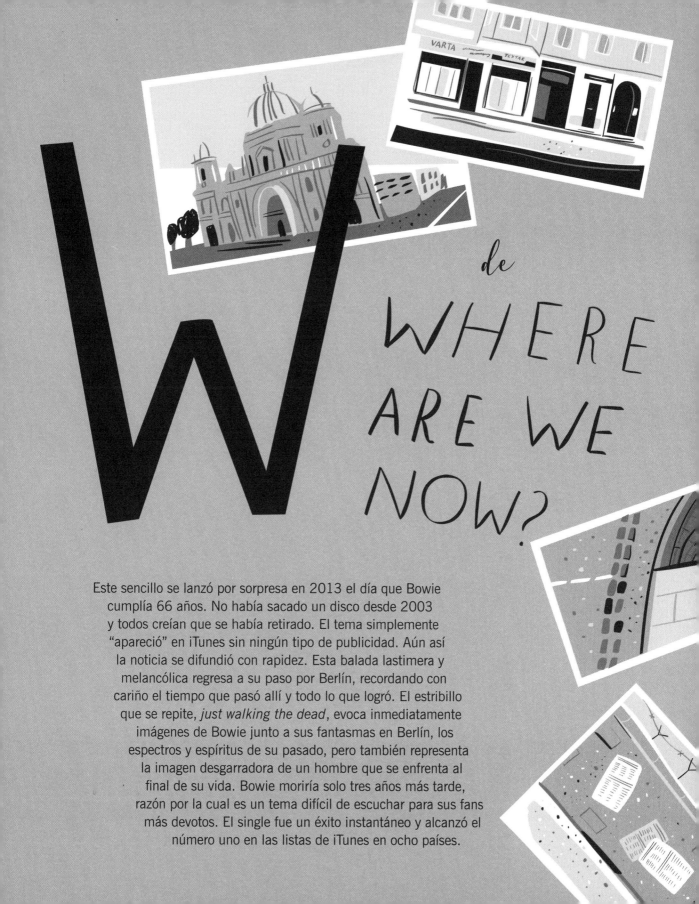

W de

WHERE ARE WE NOW?

Este sencillo se lanzó por sorpresa en 2013 el día que Bowie cumplía 66 años. No había sacado un disco desde 2003 y todos creían que se había retirado. El tema simplemente "apareció" en iTunes sin ningún tipo de publicidad. Aún así la noticia se difundió con rapidez. Esta balada lastimera y melancólica regresa a su paso por Berlín, recordando con cariño el tiempo que pasó allí y todo lo que logró. El estribillo que se repite, *just walking the dead*, evoca inmediatamente imágenes de Bowie junto a sus fantasmas en Berlín, los espectros y espíritus de su pasado, pero también representa la imagen desgarradora de un hombre que se enfrenta al final de su vida. Bowie moriría solo tres años más tarde, razón por la cual es un tema difícil de escuchar para sus fans más devotos. El single fue un éxito instantáneo y alcanzó el número uno en las listas de iTunes en ocho países.

CLASIFICACIÓN-X

de X

La primera incursión de Bowie en el terreno "adulto" fue en 1969, cuando protagonizó una película de terror de 14 minutos llamada *The Image*. Bowie interpreta la manifestación física de un retrato que cobra "vida" para atormentar a su pintor, lo que lleva al artista a "matar" una y otra vez a dicha aparición de diversas formas sangrientas y espantosas. Como curiosidad, cabe destacar que fue el primer cortometraje que recibió una clasificación X por su contenido gráfico. Así que, entre el desnudo integral en *El hombre que vino de las estrellas*, la escena en la playa retozando desnudos con Geeling Ng para el vídeo de «China Girl», los besos y las caricias en la ducha a Catherine Deneuve en *El ansia* o los juegos de *bondage* con Rosanna Arquette en *Encadenadamente tuya*, no hay duda de que Bowie no era en abosluto un mojigato cuando se trataba de "temas de adultos" en la pantalla.

Según Lori Mattix, una groupie de los años setenta, tenía 15 años cuando fue "desvirgada" por Bowie. Mattix declaró a *Thrillist*: «Me acompañó a su dormitorio y al baño, donde dejó caer su kimono. Se metió en la bañera, ya llena de agua, y me pidió que lo lavara. Por supuesto que lo hice. Luego me acompañó al dormitorio, me quitó suavemente la ropa y me desvirgó». En aquella época, la edad de consentimiento en California era de 18 años, por lo que se trataba de un abuso sexual; sin embargo, Mattix recuerda el suceso con cariño: «¿Quién no querría perder la virginidad con David Bowie?».

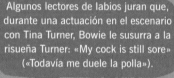

Algunos lectores de labios juran que, durante una actuación en el escenario con Tina Turner, Bowie le susurra a la risueña Turner: «My cock is still sore» («Todavía me duele la polla»).

Según algunos rumores, Bowie tenía en su sala de estar de Londres una cama de metro y medio de profundidad cubierta de pieles para sus orgías, apodada "the pit" ("el hoyo").

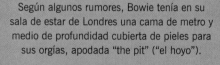

En una entrevista de 1996, Bowie afirmó: «He hecho casi todo lo que es posible hacer».

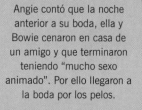

Angie contó que la noche anterior a su boda, ella y Bowie cenaron en casa de un amigo y que terminaron teniendo "mucho sexo animado". Por ello llegaron a la boda por los pelos.

X

también de

Xilófono

Bowie tocó el xilófono en el instrumental «Weeping Wall» del álbum *Low* de 1977. También tocaba la guitarra, el vibráfono, los sintetizadores y el piano.

Máquina Xerox

En 1974, Alice Cooper y el biógrafo especialista en rock Steven Gaines visitaron a Bowie en el Hotel St Regis de Nueva York. Bowie había alquilado una máquina Xerox en color. Gaines contó que Bowie le había preguntado si quería que le hicieran un retrato. Él respondió que sí, y entonces Bowie sostuvo su cabeza sobre la máquina Xerox y le dijo que mantuviera los ojos abiertos. Se dice que en aquella época Bowie obligaba a todo el que entraba en el hotel a hacerse un retrato sacado de la fotocopiadora, siempre con los ojos abiertos. Más tarde, Bowie se describió a sí mismo como «una máquina Xerox humana».

The X Factor

En 2013, el presentador Simon Cowell dijo: «Creo que si pudiera tener a alguien [como juez] en The X Factor sería David Bowie. No es ningún secreto que se lo haya pedido y que aún no haya dicho que sí, pero seguiré ofreciéndole la invitación».

X

Aunque Bowie escribió y grabó un montón de canciones, ninguna de ellas empieza por la letra X.

Y

también de

The Young Ones

En el noveno episodio de la comedia británica *The Young Ones*, titulado «Nasty», Rik Mayall recita la letra de «Ashes to Ashes» durante una escena de un funeral. Terry Jones, de los Monty Python, interpreta al vicario que está muy borracho. Cuando el vicario comienza el elogio con «Ashes to ashes...», Rik irrumpe cantando *Funk to funky, we know Major Tom's a junkie*, antes de recibir un cabezazo de Jones y caer en la tumba abierta. Más adelante en el episodio, un vampiro, interpretado por Alexei Sayle, dice: «Te has dejado engañar por mi falso acento sudafricano». Neil responde: «Oh, creía que eras australiano, como David Bowie».

«Yassassin»

Un tema del álbum *Lodger*, publicado como tercer sencillo en Turquía y Holanda. El nombre significa "larga vida" en turco.

Fiestas de Yule (Yuletide)

El vigesimoprimer (y último) especial de Navidad de Bing Crosby se rodó en Londres en 1977. Bowie participó para cantar con Crosby el villancico «The Little Drummer Boy» fusionado con «Peace on Earth». Ese encuentro se ha convertido en un momento destacado de la televisión de los años setenta. La compenetración de Bowie con Crosby es encantadora y la entrega de Crosby contrastada con el suave contrapunto de Bowie crea una experiencia muy emotiva. Al acabar, Crosby incluso le pidió a Bowie el número de su casa, un gran cumplido. Lamentablemente, Crosby murió un mes después.

Yellowbeard

Bowie participa en un cameo no acreditado en la película *Yellowbeard* (1983) de Graham Chapman. Actúa como "el tiburón", o mejor dicho, como un hombre con una aleta de tiburón en la espalda.

"I heard the news today OOOH BOY..."

«Young Americans» hace referencia a una línea de «A Day in the Life» de los Beatles: *I heard the news today, oh boy!*

Carlos Alomar creó el famoso riff neofunk de «Fame». Alomar explicó que primero preparaba las pistas instrumentales y luego Bowie escribía la letra. Y en algunos casos, no escuchaba el producto final hasta que salía el disco.

El saxofón del álbum (incluido el clásico riff de «Young Americans») corrió a cargo de David Sanborn, quien también tocó el saxo barítono en «Born to Run» de Bruce Springsteen.

Toni Basil, especialmente conocida por la canción «Mickey», trabajó como coreógrafa de Bowie en la gira *Young Americans*.

Tony Visconti grabó el álbum en Filadelfia. Bowie quería que fuera lo más "vivo" posible. Visconti afirma que al menos el 85% del álbum está grabado en directo con toda la banda, incluidas las voces.

Bowie contrató al por entonces desconocido Luther Vandross para que hiciera los coros en el álbum. Se quedó tan impresionado que consiguió que Vandross abriera algunos de sus conciertos y le animó a seguir una carrera en solitario. En el álbum también participaron el batería de Sly and the Family Stone, Andy Newmark, y Carlos Alomar, que trabajaría con Bowie durante los treinta años siguientes.

La canción «Fame» surgió de una improvisación entre Bowie, Carlos Alomar y John Lennon, si bien Bowie escribió toda la letra. Lennon cantó la palabra "aim" en el estribillo, pero Bowie la cambió por "fame".

Y de

YOUNG AMERICANS

El noveno álbum de David Bowie, *Young Americans* (y el single del mismo nombre), supuso un giro radical e intencionado en la carrera de la superestrella. Alejándose de los fracturados Ziggy y Aladdin Sane y de todas las influencias que les sirvieron de base, Bowie prescindió de inventar un personaje nuevo y, en cambio, se propuso conquistar al público estadounidense. Se interesó por el soul, el góspel y el R&B de Filadelfia y empezó a incorporar ritmos funk y disco a su sonido. También cambió su imagen. Dejó atrás el vestuario extravagante y el exceso de brillo característico del glam. Y en su lugar, se decantó por un aspecto más elegante y estilizado, con trajes y peinados de una llamativa gama de colores. Bowie se refirió a su nuevo sonido como "plastic soul". La apuesta dio sus frutos. El álbum alcanzó el Top 10 y el segundo sencillo del álbum, «Fame», llegó al número uno en las listas de singles de Estados Unidos.

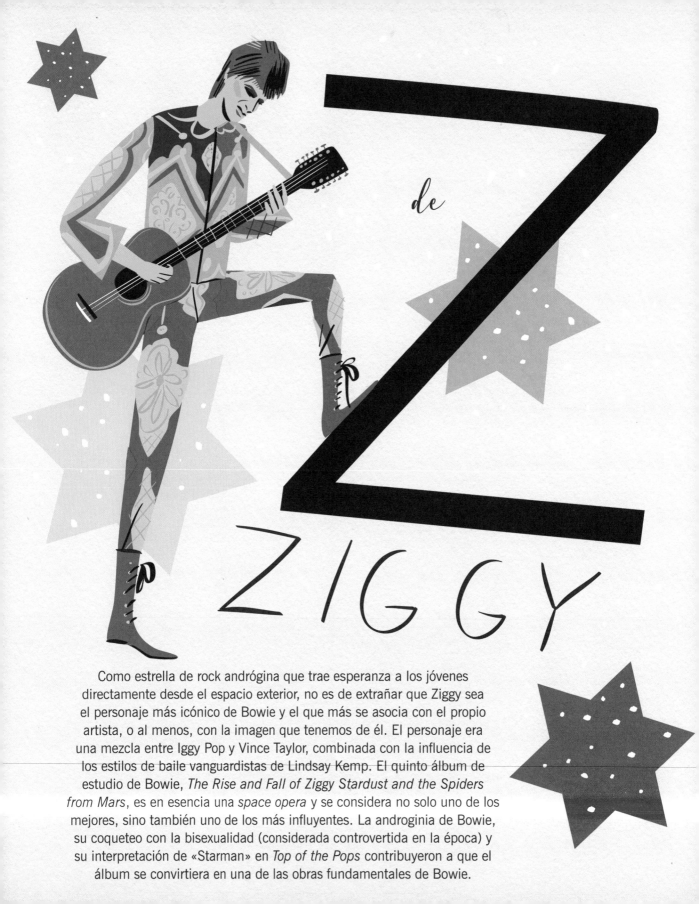

de Z
ZIGGY

Como estrella de rock andrógina que trae esperanza a los jóvenes directamente desde el espacio exterior, no es de extrañar que Ziggy sea el personaje más icónico de Bowie y el que más se asocia con el propio artista, o al menos, con la imagen que tenemos de él. El personaje era una mezcla entre Iggy Pop y Vince Taylor, combinada con la influencia de los estilos de baile vanguardistas de Lindsay Kemp. El quinto álbum de estudio de Bowie, *The Rise and Fall of Ziggy Stardust and the Spiders from Mars*, es en esencia una *space opera* y se considera no solo uno de los mejores, sino también uno de los más influyentes. La androginia de Bowie, su coqueteo con la bisexualidad (considerada controvertida en la época) y su interpretación de «Starman» en *Top of the Pops* contribuyeron a que el álbum se convirtiera en una de las obras fundamentales de Bowie.

En 1987, *Rolling Stone* situó *Ziggy Stardust* en el puesto número seis de los 100 mejores álbumes de los últimos veinte años.

Cuando Bowie anunció la retirada de Ziggy de la escena musical, la prensa especializada creyó que era el propio Bowie quien se retiraba.

Bowie "despidió" a los Spiders from Mars en el escenario del Hammersmith Odeon de Londres justo antes del número final de su gira.

Bowie presentó su espectáculo de *Ziggy Stardust* en el pub Toby Jug de Tolworth en febrero de 1972.

Aunque al principio los Spiders se mostraron reacios a llevar maquillaje y purpurina, acabaron cediendo cuando se dieron cuenta de que eso atraía a las chicas.

En 1996, Bowie declaró que el personaje de Ziggy estaba inspirado en Vince Taylor, una estrella de rock británica venida a menos que se había obsesionado con los extraterrestres y Jesucristo. Taylor alcanzó cierta popularidad en Europa y era conocido en Francia como el "Elvis francés".

La popularidad del álbum, junto con la interpretación de Marc Bolan del tema «Hot Love» en *Top of the Pops*, se consideran catalizadores del movimiento glam rock.

Z

también de

Zowie
Durante su estancia en un internado bastante austero, Zowie Bowie descubrió que su nombre llamaba mucho la atención y era objeto de burlas. Empezó a llamarse Joe o Joey y finalmente volvió a su nombre de nacimiento, Duncan Jones, para "salir de la sombra de su padre". Ahora es un exitoso director de cine.

Zigzag
El maquillador Pierre LaRoche se encargó de aplicar el dramático maquillaje del álbum *Aladdin Sane*, a veces denominado rayo. La marca ha llegado a representar los dos lados de la personalidad del personaje, pero Bowie declaró que la inspiración provino de un símbolo en su hervidor de arroz.

Jay-Z
El rapero sampleó «Fame» para su álbum *The Blueprint*.

Zoo
El zoo de Cincinnati puso a su bebé pingüino el nombre de David Bowie pocos días antes de que este muriera.

«Zion»
Este tema de Bowie solo se publicó en formato *bootleg* y lo más probable es que se grabara en 1973 en los estudios Trident, ya que cuenta con Mike Garson al piano (aunque también podría haberse grabado durante las sesiones de *Pin Ups*). Mick Ronson toca la guitarra y Bowie el Mellotron, un instrumento similar a un primer sampler. Los *loops* de "flauta" que utilizó Bowie fueron casi con toda seguridad los mismos que utilizaron los Beatles para «Strawberry Fields». Al parecer, la canción se tituló de forma provisional «Aladdin Vein», «Love Aladdin Vein» y «A Lad in Vein», en referencia a los distintos títulos provisionales para el álbum *Aladdin Sane*.

Título original: *Bowie A to Z*
Edición original inglesa publicada en 2016 por Smith Street Books
Melbourne | Australia
smithstreetbooks.com

Editor: Paul McNally
Editora del proyecto: Hannah Koelmeyer, Tusk studio
Diseño: Michelle Mackintosh
Ilustraciones: Libby VanderPloeg

Texto © Steve Wide
Ilustraciones © Libby VanderPloeg
Diseño © Smith Street Books

© 2021, Redbook Ediciones, s. l., Barcelona

Traducción y compaginación: Amanda Martínez

ISBN: 978-84-18703-14-0

Depósito legal: B-15.964-2021

Impreso por Sagrafic, Pasaje Carsi 6, 08025 Barcelona

Impreso en España - *Printed in Spain*

Créditos

Portada: inspirada en la portada del álbum *Aladdin Sane*, RCA records,1973. Maquillaje icónico del rayo por Pierre LaRoche, fotografía de Brian Duffy, dirección artística de Celia Philo. **F de Fashion:** Traje de vinilo blanco y negro "Rites of Spring" diseñado por Kansai Yamamoto, 1973. **G de Glam:** traje de satén blanco y sandalias de plataforma rojas diseñados por Kansai Yamamoto, "traje espacial" de *Space Oddity* atribuido a Kansai Yamamoto, 1973. **K de Kemp:** traje "Blue Clown" diseñado por Natasha Korniloff para el vídeo de «Ashes to Ashes», 1980. **L de Laberinto:** ilustración creada tomando como referencia el vestuario de Jareth diseñado por Brian Froud para la película *Dentro del laberinto* de Jim Henson, una producción de Henson Associates, Lucasfilm, The Jim Henson Company, Delphi V Productions y TriStar Pictures. **O de Oh! You Pretty Things:** ilustración en referencia a la sesión fotográfica para la portada de *Hunky Dory* de Brian Ward, 1971. **P de Pin Ups:** Portada del álbum *White Light White Heat* basada en la portada británica de 1976 publicada por Polydor records. **R de Rebel Rebel:** ilustración creada tomando como referencia las fotos de Gijsbert Hanekroot de Bowie como "Halloween Jack", 1974. **T de Thin White Duke:** ilustración basada en la portada del álbum *Station to Station*, edición de 1976 de RCA Records. **U de Underwood:** ilustración de la carátula del álbum *Davie Jones with the King Bees* basada en el lanzamiento de Decca Vocalion de 1964. **W de Where Are We Now?:** ilustración basada en el vídeo de Tony Oursler para «Where Are We Now?». **X de Clasificación-x:** ilustración inspirada en *The Image*, dirigida por Michael Armstrong, 1969. **Z de Ziggy Stardust:** Traje de dos piezas guateado de Ziggy Stardust diseñado por Freddie Burretti,1972. **Página de créditos:** ilustración en referencia al vídeo y las fotografías de Mick Rock para «Life on Mars», 1973. Traje azul cielo diseñado por Freddie Burretti y maquillaje de Pierre LaRoche.

Nota del editor: Aunque se ha hecho todo lo posible para confirmar los hechos en este libro, inevitablemente hay casos de información contradictoria. Desde luego, el gran hombre ya no está aquí para pronunciarse acerca de los temas controvertidos, por lo que nos ha tocado a nosotros, simples mortales, hacerlo con todos los datos disponibles.

A B C

D E F G

H I J

K L M